초급실용일본어

초급실용일본어

박 용 만

머리말

우리는 '일본어는 한국어와 유사하다'라는 말을 많이 듣고 자주 한다. 한글 전용 표기가 이루어지기 이전의 한국어를 살펴보면 '한글+한자'의 체계가 흡사 일본어의 '가나+한자'를 보는 듯하다. 어순을 살펴보더라도 별반 다르지 않다. 그만큼 한국어와 일본어는 매우 많이 닮은꼴이라 볼 수 있다. 그러한 이유로 일본어에는 손쉽게 다가갈 수 있으며 빨리 끝낼 수 있으리란 기대감을 갖게 된다.

수년간 대학현장에서 교양 초급일본어 교육을 담당해온 필자는 최근 초급일본어 교재의 홍수 시대에 살고 있음을 실감한다. 하지만 초급과정의 범위가 한정되어 있고, 그중에서 최선의 교재를 선택하기란 그리 쉬운 일이 아니다. 결론적으로, 교재마다 그 나름대로 장·단점을 가지고 있지만 종합적으로 만족할만한 학습파트너를 만나기란 생각만큼 용이하지 않다. 본 교재는 그 부족한 부분을 조금이라도 채우고자 하는 마음으로, 초급과정이지만 실용적인 사용에도 중점을 두어 집필되었다.

본 교재는 다음과 같이 구성된다.

먼저 본문 회화문을 제시하고 거기에 사용된 어휘를 풀이한다. 회화를 위한 회화문이 아닌 실제 생활에서 주고받을법한 살아있는 회화문을 기반으로 한다.

다음은 '한자읽기' 부분이다. 한자 읽기는 학습자가 어려워하여 심지어 기피하기에 이르는 영역 중의 하나이다. 초기 단계부터 한자에 익숙해질 수 있는 환경을 만들고자 하는 취지에서 비롯되었다.

다음으로 '문형문법' 부분이다. 본문회화문을 문법적으로 설명하고 다양하고 광범위한 관련 사항도 함께 제시한다.

다음으로는 '발음연습' 부분이다. 앞서 언급한 대로 한국어와 일본어가 여러 가지 면에서 유사한 부분이 있으며 발음 또한 예외는 아닌데, 각각의 언어환경에서 비롯되는 미세한 차이를 이해하고자 마련되었다.

마지막으로 학습한 내용을 연습문제를 통해 확인한다.

본 교재를 친구삼아 아무쪼록 초급일본어 과정을 산뜻하게 출발하고 뿌듯하게 마치기를 바라며 대학 등에서 교재로 널리 사용되기를 기대한다.

끝으로 본 교재 집필에 힘써주신 인하대학교 이성규 교수님과 민병찬 교수님께 심심한 감사의 말씀을 올린다.

2023년 1월
저자 박용만

目次

머리말	4
제1과　わたしは学生です	17
제2과　どなたですか	33
제3과　これは何ですか	49
제4과　どこにありますか	65
제5과　ずっと独り暮らしでした	83
제6과　ぼくのです	103
제7과　駅から近いです	119
제8과　面白かったです	135
제9과　きれいなところですね	153
제10과　上手でした	171
제11과　映画でも見ますか	185
제12과　初対面	203

1. 일본어의 문자

【 五十音図(ごじゅうおんず) 】

① 平仮名;ひらがな

[청음(清音;せいおん)]   段

	あ a	か ka	さ sa	た ta	な na	は ha	ま ma	や ya	ら ra	わ wa	ん N
	い i	き ki	し si	ち chi	に ni	ひ hi	み mi		り ri		
	う u	く ku	す su	つ tsu	ぬ nu	ふ hu	む mu	ゆ yu	る ru		
	え e	け ke	せ se	て te	ね ne	へ he	め me		れ re		
行	お o	こ ko	そ so	と to	の no	ほ ho	も mo	よ yo	ろ ro	を wo	

[탁음(濁音;だくおん)・반탁음(半濁音;はんだくおん)]

が ga	ざ za	だ da	ば ba	ぱ pa
ぎ gi	じ zi	ぢ ji	び bi	ぴ pi
ぐ gu	ず zu	づ ju	ぶ bu	ぷ pu
げ ge	ぜ ze	で de	べ be	ぺ pe
ご go	ぞ zo	ど do	ぼ bo	ぽ po

[요음(拗音;ようおん)]

きゃ kya	しゃ sya	ちゃ cha	にゃ nya	ひゃ hya	みゃ mya	りゃ rya	ぎゃ gya	じゃ zya	びゃ bya	ぴゃ pya
きゅ kyu	しゅ syu	ちゅ chu	にゅ nyu	ひゅ hyu	みゅ myu	りゅ ryu	ぎゅ gyu	じゅ zyu	びゅ byu	ぴゅ pyu
きょ kyo	しょ syo	ちょ cho	にょ nyo	ひょ hyo	みょ myo	りょ ryo	ぎょ gyo	じょ zyo	びょ byo	ぴょ pyo

② 片仮名:かたかな

[청음]   段

ア a	カ ka	サ sa	タ ta	ナ na	ハ ha	マ ma	ヤ ya	ラ ra	ワ wa	ン N
イ i	キ ki	シ si	チ chi	ニ ni	ヒ hi	ミ mi		リ ri		
ウ u	ク ku	ス su	ツ tsu	ヌ nu	フ hu	ム mu	ユ yu	ル ru		
エ e	ケ ke	セ se	テ te	ネ ne	ヘ he	メ me		レ re		
オ o	コ ko	ソ so	ト to	ノ no	ホ ho	モ mo	ヨ yo	ロ ro	ヲ wo	

行

[탁음·반탁음]

ガ ga	ザ za	ダ da	バ ba	パ pa
ギ gi	ジ zi	ヂ ji	ビ bi	ピ pi
グ gu	ズ zu	ヅ ju	ブ bu	プ pu
ゲ ge	ゼ ze	デ de	ベ be	ペ pe
ゴ go	ゾ zo	ド do	ボ bo	ポ po

[요음(拗音)]

キャ kya	シャ sya	チャ cha	ニャ nya	ヒャ hya	ミャ mya	リャ rya	ギャ gya	ジャ zya	ビャ bya	ピャ pya
キュ kyu	シュ syu	チュ chu	ニュ nyu	ヒュ hyu	ミュ myu	リュ ryu	ギュ gyu	ジュ zyu	ビュ byu	ピュ pyu
キョ kyo	ショ syo	チョ cho	ニョ nyo	ヒョ hyo	ミョ myo	リョ ryo	ギョ gyo	ジョ zyo	ビョ byo	ピョ pyo

2. 일본어의 발음

(1) 모음(母音;ぼいん)

「あ行」

あ	い	う	え	お
[a]	[i]	[ɯ]	[e]	[o]

愛(あい) 사랑　　家(いえ) 집　　上(うえ) 위
栄(えい) 영광　　甥(おい) 조카

「半母音」

や	ゆ	よ	わ	を
[ya]	[yu]	[yo]	[wa]	[o]

焼(やき) 구이　　夢(ゆめ) 꿈　　横(よこ) 옆　　枠(わく) 틀

(2) 자음(子音;しいん)

① 清音(청음)

「か行」

　　語頭：川(かわ) 강　北(きた) 북(쪽)　黒(くろ) 검정(색)
　　　　　今朝(けさ) 오늘 아침　恋(こい) 사랑
　　語中・語末：中身(なかみ) 속, 알맹이　石油(せきゆ) 석유
　　　　　　　　肉く(にく) 고기　酒(さけ) 술　過去(かこ) 과거

「さ行」

　　語頭：様(さま) 님, 분　塩(しお) 소금　寿司(すし) 초밥
　　　　　蝉(せみ) 매미　外(そと) 밖
　　語中・語末：まさか 설마　景橋(けしき) 경치
　　　　　　　　茄子(なす) 가지　汗(あせ) 땀　味噌(みそ) 된장

「た行」

　　語頭：玉(たま) 구슬, 동전　父(ちち) 아빠　杖(つえ) 지팡이
　　　　　徹夜(てつや) 철야　土地(とち) 토지
　　語中・語末：私(わたし) 나, 저　価値(かち) 가치
　　　　　　　　靴下(くつした) 양말　元(もと) 근원　今年(ことし) 올해

「な行」

　　語頭：七(なな) 일곱　二期(にき) 2기　布(ぬの) 천
　　　　　猫(ねこ) 고양이　海苔(のり) 김
　　語中・語末：津波(つなみ) 쓰나미　鬼(おに) 도깨비
　　　　　　　　犬(いぬ) 개　種(たね) 씨앗　猪(いのしし) 멧돼지

「は行」

　　語頭：箸(はし) 젓가락　秘密(ひみつ) 비밀　服(ふく) 옷
　　　　　部屋(へや) 방　星(ほし) 별
　　語中・語末：気配(けはい) 낌새　私費(しひ) 사비
　　　　　　　　財布(さいふ) 지갑　紙幣(しへい) 지폐　徒歩(とほ) 도보

「ま」
　　語頭：真似(まね) 흉내　味噌(みそ) 된장　無視(むし) 무시
　　　　　姪(めい) 조카　餅(もち) 떡
　　語中・語末：車(くるま) 자동차　神(かみ) 신
　　　　　　　飲む(のむ) 마시다　爪(つめ) 손톱　桃(もも) 복숭아

「ら」
　　語頭：拉致(らち) 납치　理髪(りはつ) 이발　留守(るす) 부재
　　　　　歴史(れきし) 역사　路線(ろせん) 노선
　　語中・語末：皿(さら) 접시　肩凝(かたこり) 어깨결림
　　　　　　　味噌汁(みそしる) 된장국　華麗(かれい) 화려　白(しろ) 하얀색

② 濁音
「が行」
　　語頭：画家(がか) 화가　技師(ぎし) 기사　具体的(ぐたいてき) 구체적
　　　　　外科(げか) 외과　五階(ごかい) 오층
　　語中・語末：姿(すがた) 모습　右(みぎ) 오른쪽
　　　　　　　家具店(かぐてん) 가구점　刺激(しげき) 자극　午後(ごご) 오후

「ざ行」
　　語頭：挫折(ざせつ) 좌석　事故(じこ) 사고　図面(ずめん) 도면
　　　　　是非(ぜひ) 꼭　俗語(ぞくご) 속어
　　語中・語末：膝(ひざ) 무릎　虹(にじ) 무지개　絆(きずな) 유대, 인연
　　　　　　　風邪薬(かぜぐすり) 감기약　謎(なぞ) 수수께끼

「だ行」
　　語頭：出汁(だし) 국물　凸凹(でこぼこ) 요철　土足(どそく) 흙발
　　語中・語末：体(からだ) 몸　袖(そで) 소매　池井戸(いけいど) 작가

「ば行」
　　語頭：馬鹿(ばか) 바보　鼻音(びおん) 비음　部下(ぶか) 부하
　　　　　弁当(べんとう) 도시락　母音(ぼいん) 모음

語中・語末：蕎麦(そば) 소바;메밀　首輪(くびわ) 목줄
　　　　　　　　油(あぶら) 기름　海辺(うみべ) 해변　規模(きぼ) 규모

　③ 半濁音
　「ぱ行」
　　　語頭：パスタ (파스타)　ピカピカ (반짝반짝)　プロレス (프로레슬링)　ペコペコ
　　　　　　(꾸벅꾸벅)　ポスト (우체통)
　　　語中・語末：スパ (스파)　ぴりぴり (얼얼)
　　　　　　　　ぺちぺち (치근덕치근덕)　ポキポキ (똑똑, 뚝뚝)

(3) 拗音
　①「イ段」 + 「ゃ」
　　　キャノン 캐논　ギャラリー 갤러리　車庫(しゃこ) 차고
　　　邪魔(じゃま) 방해　茶碗(ちゃわん) 그릇　こんにゃく 곤약　百(ひゃく) 백
　　　三百(さんびゃく) 삼백　山脈(さんみゃく) 산맥　略語(りゃくご) 약어

　②「イ段」 + 「ゅ」
　　　休暇(きゅうか) 휴가　牛肉(ぎゅうにく) 소고기　種類(しゅるい) 종류
　　　授業(じゅぎょう) 수업　駐車(ちゅうしゃ) 주차　入学(にゅうがく) 입학
　　　ヒューマニスト 휴머니스트　ミュージック 뮤직　流行(りゅうこう) 유행

　③「イ段」 + 「ょ」
　　　拒否(きょひ) 거부　金魚(きんぎょ) 금붕어　職場(しょくば) 직장
　　　除外(じょがい) 제외　貯蓄(ちょちく) 저축　女房(にょうぼう) 마누라
　　　表面(ひょうめん) 표면　病院(びょういん) 병원
　　　妙策(みょうさく) 묘책　旅行(りょこう) 여행　両親(りょうしん) 부모

(4) 장음(長音;ちょうおん)
① あ+あ
- おかあさん 어머니
- おばあさん 할머니

② い+い
- おにいさん 오빠, 형
- いいえ 아니오

③ う+う
- すうがく 수학(数学)
- つうわ 통화(通話)

④ え+え·い
- おねえさん 언니, 누나
- ええ 네
- えいご 영어(英語)
- せんせい 선생님(先生)

⑤ お+お·う
- おおあめ 폭우(大雨)
- こおり 얼음(氷)
- おとうと 남동생(弟)
- とうろん 토론(討論)

⑥ 拗音+う
- しゅび 수비(守備)
- しゅうり 수리(修理)
- しょり 처리(処理)
- しょうり 승리(勝利)

⑦ 가타카나의 장음「ー」
- ビル 빌딩
- ビール 맥주
- エレベーター 엘리베이터
- コンピューター 컴퓨터

(5) 촉음(促音;そくおん)

か·さ·た·ぱ행 앞에서 쓰인다. つ를 작게 표기하며, 우리말의 받침 역할을 하는 글자이다. 한국어 받침과 달리 한 박자의 길이를 갖는다.

① っ+か행
- いっかい 일층
- いっき 단숨
- そっくり 꼭 닮음
- せっけい 설계
- がっこう 학교

② っ+さ행
- きっさてん 찻집
- ひっし 필사(적)
- ひっす 필수
- しゅっせき 출석
- ちっそ 질소

③ っ+た행
- いったい 도대체
- いっち 일치
- いっつう 한통
- いってい 일정
- いっとう 일등

④ っ+ぱ행
- すっぱい 시다
- いっぴき 한 마리
- りっぷく 화를 냄(立腹)
- ぜっぺき 절벽
- さっぽろ 삿포로

(6) 발음(撥音;はつおん)

「ん」으로 표기하며, 우리말의 받침 역할을 한다. 촉음과 같이 뒤 발음에 따라 발음이 달라지며 한 박자의 길이를 갖는다.

① ん+ま·ば·ぱ행
- さんま 꽁치
- ぎんみ 음미
- きんむ 근무
- うんめい 운명
- せんもん 전문
- せんば 천 마리
- のんびり 느긋함
- ぜんぶ 전부
- なんべい 남미
- ちんぼつ 침몰
- かんぱい 건배
- しんぴ 신비
- てんぷら 튀김
- かんぺき 완벽
- さんぽ 산책

② ん+さ·ざ·た·だ·な·ら행
- しんさつ 진찰
- せんじ 전시(戰時)
- じんせい 인생
- せんたく 선택, 세탁
- えんだか 엔고(円高)
- かんそう 감상
- そんな 그런
- けんにん 겸임
- せんぬき 병따개
- なんねん 몇 년
- はんのう 반응
- なんらか 무언가
- かんり 관리
- じんるい 인류
- くんれん 훈련
- しんろ 진로

③ ん+か·が행
- てんか 천하
- でんき 전기
- もんく 불만
- そんけい 존경
- よんこ 네 개

- おんがく 음악　　・じんぎ 인의(仁義)　　・がんぐ 완구
- ざんげ 참회　　・たんご 단어

④ ん+あ・は・や행, わ 또는 ん으로 끝나는 경우
- けんあく 험악　　・はんい 범위　　・いんうつ 우울
- めんえき 면역　　・けんお 혐오
- ぜんはん 전반　　・きねんひ 기념비　　・ぎもんふ 의문부호
- きかんへい 귀환병　　・いっぱんほう 일반법
- こんや 오늘밤　　・きんゆう 금융　　・せんよう 전용
- でんわ 전화　　・うどん 우동

제 1 과

わたしは学生(がくせい)です

§ 학습목표

① 첫 대면시 회화문
② 정중표현의 이해
③ 의문문 및 부정문의 형식

◆ 포인트문형 ◆

1. A : パクさんは学生(がくせい)ですか。
   B : はい、わたしは学生です。
2. A : パクさんは韓国(かんこく)のかたですか。
   B : はい、わたしは韓国人(かんこくじん)です。
3. A : 山田(やまだ)さんも学生ですか。
   B : いいえ、わたしは学生ではありません。

▍본문회화

〈わたしは学生です〉

朴　　　　：はじめまして。パクです。
マリア　　：はじめまして。マリアです。
朴　　　　：どうぞよろしく。
マリア　　：よろしくどうぞ。
朴　　　　：マリアさんは学生ですか。
マリア　　：はい、わたしは学生です。
朴　　　　：マリアさんはフランスのかたですか。
マリア　　：はい、わたしはフランス人です。

　　　　　　パクさんは中国のかたですか。韓国のかたですか。
朴　　　　：韓国人です。

山田　　　：あのう、パクさんですか。
朴　　　　：はい、パクです。
山田　　　：山田です。よろしくおねがいします。
朴　　　　：こちらこそ、よろしくおねがいします。
山田　　　：パクさんは留学生ですか。
朴　　　　：はい、韓国の留学生です。山田さんも学生ですか。
山田　　　：いいえ、わたしは学生ではありません。会社員です。

〈본문해석〉

〈저는 학생입니다〉

박시호 : 처음 뵙겠습니다. 박(시호)입니다.
마리아 : 처음 뵙겠습니다. 마리아입니다.
박시호 : 잘 부탁드립니다.
마리아 : 잘 부탁드립니다.
박시호 : 마리아씨는 학생입니까?
마리아 : 네, 저는 학생입니다.
박시호 : 마리아씨는 프랑스 분입니까?
마리아 : 네, 저는 프랑스인입니다.
　　　　박(시호)씨는 중국 분입니까? 한국 분입니까?
박시호 : 한국인입니다.

다나카 : 저, 박(시호)씨 입니까?
박시호 : 네, 박(시호)입니다.
야마다 : 야마다입니다. 잘 부탁드리겠습니다.
박시호 : 저야말로 잘 부탁드립니다.
야마다 : 박(시호)씨는 유학생입니까?
박시호 : 네, 한국 유학생입니다. 야마다씨도 학생입니까?
야마다 : 아니오, 저는 학생이 아닙니다. 회사원입니다.

◆ 語彙(ごい)어휘 ◆

はじめまして	처음 뵙겠습니다 ; 관용(慣用)적 인사말(첫인사)
パク	박(朴) ; 한국 성(姓) cf. 素朴(そぼく;소박)
~です	~입니다 ; 단정의 조동사(助動詞)
マリア	마리아 ; 서양인 이름
どうぞよろしく	잘 부탁드립니다 ; 관용적인 인사말
よろしくどうぞ	잘 부탁드립니다 ; 관용적인 인사말
~さん	~씨, ~님
~は	~은/는 ; 부조사(副助詞)
学生(がくせい)	학생(발음에 주의)
~ですか	~입니까 ; 의문, 질문
はい	예 ; 긍정의 응답(応答)사
わたし	저/나 ; 1인칭 대명사
フランスのかた	프랑스 분
フランス人(じん)	프랑스인
中国(ちゅうごく)のかた	중국 분
韓国(かんこく)のかた	한국 분
韓国人(かんこくじん)	한국인
あのう	저~ ; 감탄(感嘆)사(말을 꺼낼 때)
山田(やまだ)	야마다 ; 일본인 성(姓)
よろしくおねがいします	잘 부탁드리겠습니다 ; 관용적인 인사말
こちらこそ	이쪽이야말로 → 저야말로
留学生(りゅうがくせい)	유학생
~も	~도 ; 부조사(열거, 첨가)
いいえ	아니오 ; 부정의 응답사
~ではありません	~가 아닙니다 ; 명사 부정(否定)
会社員(かいしゃいん)	회사원

◆ 漢字を読んでみよう ◆

■学生(がくせい)　학생
　①学：大学(だいがく；대학), 数学(すうがく；수학), 学問(がくもん；학문)
　②生：生徒(せいと；학생), 生物(せいぶつ；생물), 先生(せんせい；선생님)

■留学生(りゅうがくせい)　유학생
　①留：留年(りゅうねん；유년), 保留(ほりゅう；보류) ※留守(るす；부재)
　②学：学習(がくしゅう；학습), 学問(がくもん；학문), 進学(しんがく；진학)
　③生：生活(せいかつ；생활), 生産(せいさん；생산), 人生(じんせい；인생)

■会社員(かいしゃいん)　회사원
　①会：会員(かいいん；회원), 会場(かいじょう；회장), 機会(きかい；기회)
　②社：社会(しゃかい；사회), 社長(しゃちょう；사장), 本社(ほんしゃ；본사)
　③員：動員(どういん；동원), 委員(いいん；위원), 員数(いんずう；(인)원수)

문 형·문 법(文型と文法)

(1) はじめまして 처음 뵙겠습니다 ; 정형적인 인사말(첫인사)

　■인사말 주고 받기(대부분 그 반복)

　[예] A : はじめまして。
　　　B : はじめまして。

　　　A : どうぞよろしく。(잘 부탁합니다.)
　　　B : どうぞよろしく。/ よろしくどうぞ。(어순 변화)

　　　A : (どうぞ)よろしくおねがいします。(잘 부탁하겠습니다.)
　　　B : (どうぞ)よろしくお願いいたします。

(2) パク[です] 박(시호)[입니다] 박(朴) ; 한국 성(姓)

　[예] 李(イー), 金(キム), 崔(チェ), 鄭(チョン), 趙(チョ), 閔(ミン)

(3) マリア[です] 마리아입니다 ; 서양인 여자 이름

　[예] ジョン(존), スミス(스미스), ケネディ(케네디), マイケル(마이클),
　　　 マリー(메리), キャサリン(캐서린), エリザベス(엘리자베스)

(4) [マリア]です [마리아]입니다 ; 단정의 조동사(だ의 정중형)

　■명사(체언) + です ([명사]입니다) ; 정중표현(자신에 관해서나, 이야기의 내용을 정중하게 표현)

　[예] 韓国人です。(한국인입니다.)
　　　 アメリカ人です。(미국인입니다.)
　　　 学生です。(학생입니다.)
　　　 会社員です。(회사원입니다.)

(5) [マリア]さん   [마리아]씨 ; ~님

　　이름(姓) + さん　이름(名) + さん →아주 친근한 사이(ex;부부,애인)

　　이름(姓) + 君(くん)　　　이름(名) + くん

　　이름(姓) + ちゃん　　　이름(名) + ちゃん

　　이름(姓)

(6) [マリアさん]は   [마리아씨]는/은 ; 부조사

　　■ 명사(체언) + は(wa) ([명사]은/는)

　　[예] 山田さんは学生です。(다나카씨는 학생입니다.)

　　　　彼は学生です。(그는 학생입니다.)

　　　　彼女は会社員です。(그녀는 회사원입니다.)

　　※발음:「わ」와 같음.

(7) [マリアさん]は

　　■「ん」의 발음

　　　후속 자음에 따라 [m], [n], [ŋ], [N]([n]과 [ŋ]의 중간음)으로 발음.

　　　① [m]이 되는 경우 :「ば, ぱ, ま」行 앞에서

　　　　　　[예] 見物(けんぶつ) 구경　　沈没(ちんぼつ) 침몰
　　　　　　　　 散歩(さんぽ) 산책　　　神秘(しんぴ) 신비
　　　　　　　　 按摩(あんま) 안마　　　任務(にんむ) 임무

　　　② [n]이 되는 경우 :「た, だ, な, ら」行 앞에서

　　　　　　[예] 反対(はんたい) 반대　　産地(さんち) 산지
　　　　　　　　 寝台(しんだい) 침대　　缶詰(かんづめ) 통조림
　　　　　　　　 案内(あんない) 안내　　困難(こんなん) 곤란
　　　　　　　　 権利(けんり) 권리　　　信頼(しんらい) 신뢰

③[ŋ]이 되는 경우 :「か, が」行 앞에서

[예] 銀貨(ぎんか) 은화　　天気(てんき) 날씨

　　金庫(きんこ) 금고　　林檎(りんご) 사과

④[N]이 되는 경우 :「ん」이 어말에 올 때,
　　　　　　　모음, 반모음,「さ, は」行 앞에서

[예] 本(ほん) 책　　　　日本(にほん) 일본

　　店員(てんいん) 점원　恋愛(れんあい) 연애

　　本屋(ほんや) 책방　　関与(かんよ) 관여

　　検査(けんさ) 검사　　安心(あんしん) 안심

(8) [学生ですか 〔학생입니까?〕; 의문, 질문

■명사(체언) + です + か ([명사]+입니+까?)

[예] 金さんは学生です**か**。(김(은희)씨는 학생입니까?)

　　スミスさんは先生です**か**。(스미스씨는 학생입니까?)

　　田中さんは会社員です**か**。(다나카씨는 회사원입니까?)

　　クリントンさんは社長(しゃちょう)です**か**。(클린턴씨는 사장님입니까?)

(9) はい　예 ; 긍정의 응답사

■긍정의 응답사(정중도 순)

　はあ → はい → ええ → うん

(10) いいえ　아니오 ; 부정의 응답사

■부정의 응답사(정중도 순)

　いいえ → いえ → いや, ううん

(11) わたし 저/나 ; 1인칭 대명사

1인칭대명사	わたくし　わたし　ぼく　おれ　あたし　わし　自分(じぶん)
2인칭	이름+さん　あなた　きみ　おまえ　きさま
3인칭	彼(かれ)　彼女(かのじょ)　あいつ

※彼(かれ) 그(남자) → 彼氏(かれし) 남자 친구(애인), ボーイフレンド
　彼女(かのじょ) 그녀(때로는 여자 친구, 애인), ガールフレンド
　恋人(こいびと)　cf. 愛人(あいじん)

(12) フランス 프랑스
[예] 日本(にほん;일본), 中国(ちゅうごく;중국), 北朝鮮(きたちょうせん;북한),
　　アメリカ(미국), カナダ(캐나다), メキシコ(멕시코), ブラジル(브라질),
　　アルゼンチン(아르헨티나), モンゴル(몽골), ロシア(러시아),
　　ドイツ(独逸;독일), フィンランド(핀란드), ポルトガル(포루투갈),
　　エジプト(이집트), イスラエル(이스라엘), アフリカ(아프리카),

(13) フランスのかた 프랑스 분
　[예] 韓国のかた(한국 분), 日本のかた(일본 분), 中国のかた(중국 분)
　　※주의: フランスのかたですか。(프랑스 분이십니까?)
　　　　　→(×) はい、わたしはフランスのかたです。
　　　　　　　　(네, 저는 프랑스 분입니다.)
　　　　　　(○) はい、わたしはフランス人です。
　　　　　　　　(네, 저는 프랑스인입니다.)

(14) フランス人(じん) 프랑스인
　[예] 韓国人(かんこくじん;한국인), 中国人(ちゅうごくじん;중국인),
　　日本人(にほんじん;일본인), イギリス人(영국인), ドイツ人(독일인)

(15) 山田(やまだ)　야마다 ; 일본인 성(姓)

　[예] 佐藤(さとう), 鈴木(すずき), 高橋(たかはし), 伊藤(いとう),
　　　 田中(たなか), 中村(なかむら), 渡辺(わたなべ), 安部(あべ)

(16) [韓国]の[留学生]　 [한국]의 [유학생] ; 조사 (소유격, 속격)

　　■「の」의 용법(名詞＋名詞)

　　　①소유 ： わたしの鉛筆(내 연필)

　　　②속성 ： 英語の授業(영어 수업)

　　　③주어 ： 山田さんの演説(야마다씨의 연설)

　　　④목적어: パンの販売(빵 판매)

　　　⑤동격 ： 友達の村上さん(친구인 무라카미씨)

(17) [山田さん]も　 [야마다씨]도 ; 부조사(열거, 첨가)

　　■～も　접속 : 명사(체언) ＋ も
　[예] わたしも学生です。(저도 학생입니다.)

　　　彼も日本人です。(그도 일본인입니다.)

　　　わたしも韓国の留学生です。(저도 한국 유학생입니다.)

　　　鈴木さんも銀行員ですか。(스즈키씨도 은행원입니까?)

(18) [学生]ではありません　 [학생]이/가 아닙니다 ; 명사 부정

　　■명사(체언) ＋ では(じゃ) ＋ ありません
　[예] 学生です　→　学生では(じゃ)ありません。

　　　(학생입니다.)　 (학생이 아닙니다.)

　　　会社員です　→　会社員では(じゃ)ありません。

　　　(회사원입니다.)　 (회사원이 아닙니다.)

社長です → 社長では[じゃ]ありません。
(사장님입니다.)　(사장님이 아닙니다.)

〈新(あたら)しい単語(たんご)새로운 단어〉

パン 빵　　　　　　　　英語(えいご ; 영어)
授業(じゅぎょう ; 수업)　演説(えんぜつ ; 연설)
販売(はんばい ; 판매)　　ともだち(友達 ; 친구)
社長(しゃちょう ; 사장 : 社長さん이라고는 일반적으로 사용 안함)
　　cf. 先生(せんせい ; 선생님)

발 음 연 습 (発音の練習) 1

Ⅰ　① あ　　　　ああ　　　　　あう
　　② い　　　　いい　　　　　いう
　　③ う　　　　うう
　　④ え　　　　ええ　　　　　(えう)
　　⑤ お　　　　おお　　　　　おう

Ⅱ　① あい　　（愛 : 사랑）
　　② いえ　　（家 : 집）　　　い　　（胃 : 위;장기）
　　③ うえ　　（上 : 위）　　　う　　（卯 : 알）
　　④ えい　　（가오리）　　　え　　（絵 : 그림）
　　⑤ おい　　（甥 : 조카）　　お　　（尾 : 꼬리）

Ⅲ　① い　　　（胃 : 위）
　　　 いい　 （좋다）
　　② え　　　（絵 : 그림）
　　　 ええ　 （네）
　　③ いえ　　（家 : 집）
　　　 いいえ　（아니오）

Ⅳ　① いです。
　　② いいです。
　　③ せんせい(先生)ですか。
　　④ そうです。
　　⑤ どうぞよろしく。
　　⑥ おはようございます。

Ⅴ　あ い う え お

<練習問題연습문제>

1. 다음 ( ) 안에 적당한 말을 넣으시오.

①山田さん（　　　）学生ですか。
②山田さんは日本の（　　　）ですか。
③わたしは日本（　　　）です。
④わたしは中国（　　　）留学生です。
⑤いいえ、わたしは日本人（　　　）ありません。

2. 다음을 한자로 쓰고 그 읽는 법을 ひらがな로 쓰시오.

①대학
②일본
③친구
④생활
⑤사회
⑥사장

3. 다음 한국어를 일본어로 옮기시오.

①처음 뵙겠습니다. 잘 부탁드리겠습니다.

②저는 한국 유학생입니다.

③마리아씨도 유학생입니까?

④저는 회사원이 아닙니다.

⑤그는 프랑스 유학생입니다.

⑥그녀는 미국분입니까?

◆일본어의 인사(日本語の挨拶)

1. 아침인사　おはよう(ございます)。　　점심인사　こんにちは。

   저녁인사　こんばんは。　　　　　　취침인사　お休み(なさい)。

2. 헤어질 때
   さよ(う)なら。じゃあね[な]。では、また。またね[な]。バイバイ

3. 감사할 때
   ありがとう(ございます)。ありがとうございました。
   すみません。サンキュー　cf. いいえ、どういたしまして。

4. 축하할 때
   おめでとう(ございます)。

5. 사과할 때
   申し訳ありません(でした)。申し訳ございません(でした)。
   すみません(でした)。すまない。すまなかった。すまん。
   ごめんなさい。ごめん。　cf. 大丈夫(です)。

5. 집을 나설 때, 귀가할 때
   A: 行って来ます。　　A: ただいま(只今)。
   B: いってらっしゃい。　B: お帰りなさい。

6. 식사할 때

 いただきます。ごちそうさま(でした)。

7. 「すみません」의 다양한 표현

 ▶감사할 때 ▶호출할 때 ▶말을 걸 때 あのう、すみません。

8. 위로할 때

 ▶お疲(つか)れさま(です[でした])。 ご苦労様(くろうさま)(です[でした])。수고하셨습니다.

 ▶お大事(だいじ)に。(병문안 때) ご愁傷(しゅうしょう)さま(です)。

제 2 과

どなたですか

§학습목표

① 연체사 「この・その・あの・どの」의 용법 이해
② 친밀도 및 상하관계에 따른 어휘 선택 변화의 이해
③ 「무엇입니까」「어느쪽입니까」의 용법 학습
④ 명사문 중지법(中止法)의 용법 학습

◆ 포인트문형 ◆

1. A：加賀先生はどなたですか。
   B：あのかたです。
2. A：あのかたはどなたですか。
   B：あのひとは高橋です。
3. お名前は何ですか。
4. 一人は学生で、一人は研究員です。

▎본문회화

〈どなたですか〉

朴　　：加賀先生はどのかたですか。

マリア：あの方です。

朴　　：あ、あのかたが加賀先生ですか。

マリア：なにか。

朴　　：いいえ、ただ。

山田　：あのかたはどなたですか。

マリア：あのひとはわたしのともだちです。

山田　：あのかたのお名前はなんですか。

マリア：あのひとの名前はパクです。

山田　：パクさんは、お国はどちらですか。

マリア：彼は韓国の留学生です。

山田　：そちらのかたも韓国の留学生ですか。

マリア：いいえ、こちらは中国の留学生の陳さんです。
　　　　あのう、ちんさん、こちら山田さん。

山田　：はじめまして。山田です。

陳　　：はじめまして。ちんです。

山田　：パクさん、あの二人はこの大学の学生ですか。

朴　　：いいえ、一人は学生で、一人は研究員です。

山田　：研究員のかたのお名前はなんですか。

朴　　：木村さんです。

〈본문해석〉

〈어느 분입니까?〉

박시호 : 카가 선생님은 어느 분입니까?
마리아 : 저 분입니다.
박시호 : 아, 저 분이 카가 선생님입니까?
마리아 : 왜요?
박시호 : 아니오, 그냥(요).

야마다 : 저 분은 누구십니까?
마리아 : 저 사람은 제 친구입니다.
야마다 : 저 분의 이름은 무엇입니까?
마리아 : 저 사람의 이름은 박(시호)입니다.
야마다 : 박(시호)씨의 출신[국적]은 어디[어느쪽]입니까?
마리아 : 그는 한국 유학생입니다.
야마다 : 그쪽 분도 한국 유학생입니까?
마리아 : 아니오, 이쪽은 중국 유학생인 진(상희)씨입니다.
　　　　저, 진(상희)씨, 이쪽(은) 야마다씨(입니다).
야마다 : 처음 뵙겠습니다. 야마다입니다.
진상희 : 처음 뵙겠습니다. 진(상희)입니다.

야마다 : 박(시호)씨, 저 두사람은 이 대학의 학생입니까?
박시호 : 아니오, 한사람은 학생이고, 한사람은 연구원입니다.
야마다 : 연구원 분의 이름은 무엇입니까?
박시호 : 기무라씨입니다.

◆ 語　彙 ◆

先生(せんせい)	선생님(せい의 발음에 주의)
この、その、あの、どの	이, 그, 저, 어느 ; 연체사(連体詞)
どの方(かた)	어느 분 : どの(어느 ; 연체사) + かた(方 ; 분)
あのかた	저 분 : あの(저 ; 연체사) + かた(분)
あ、	아! : 감탄사(가벼운 긍정)
~が	이/가 ; 주격 조사
なにか	왜(요), 무엇인가
ただ	그냥, 단지, 공짜(無料;むりょう:무료)
どなた	「누구(だれ)」의 존경어 どちらさま
ともだち(友達)	친구; 友人(ゆうじん), 親友(しんゆう)
お名前(なまえ)	「名前(이름)」의 존경어 ; 존함, 성함
なんですか	무엇입니까?
お国(くに)	출신, 고향, 국적
	お(존경의 접두사) + 国(나라, 고향)
こちら、そちら、あちら、どちら	이쪽, 그쪽, 저쪽, 어느쪽(사람, 방향) ; 지시대명사 (指示代名詞)
彼(かれ)	그 사람(남자) cf. 彼女(かのじょ ; 그녀)
二人(ふたり)	두 사람
大学(だいがく)	대학 東京大学(とうきょうだいがく), 東京大(とうきょうだい), 東大(とうだい)
一人(ひとり)	한사람
学生で	학생이고
研究員(けんきゅういん)	연구원

◆ 漢字を読んでみよう ◆

■先生(せんせい)　선생님

　①先：先祖(せんぞ ; 선조), 先輩(せんぱい ; 선배)　　　cf. お先(さき)です
　②生：生存(せいぞん ; 생존), 生死(せいし ; 생사)　　　cf. 生(なま)ビール
　　　　生涯(しょうがい ; 생애), 生姜(しょうが ; 생강)

■大学(だいがく)　대학

　①大：大事件(だいじけん ; 대사건), 大地(だいち ; 대지)　cf. 大雪(おおゆき)
　②学：学閥(がくばつ ; 학벌), 進学(しんがく ; 진학)

■研究員(けんきゅういん)　연구원

　①研：研修(けんしゅう ; 연수), 研磨(けんま ; 연마)
　②究：究明(きゅうめい ; 규명), 究極(きゅうきょく ; 구극, 궁극)

문 형·문 법(文型と文法)

(1) この、その、あの、どの 이, 그, 저, 어느 ; 연체사

　　접속: この、その、あの、どの + 체언(명사)

■ 말하는 이와 듣는 이 간의 거리(위치) 관계에 의한 분류

근칭(近称)	중칭(中称)	원칭(遠称)	부정칭(不定称)
この(이)	その(그)	あの(저)	どの(어느)

※ こ·そ·あ·ど 계열

■ 질문과 대답

①この本はなんですか。　　　→ その本は英語の辞書です。

　(이 책은 무엇입니까?)　　　　(그 책은 영어 사전입니다.)

②その本はなんですか。　　　→ この本は日本語の小説です。

　(그 책은 무엇입니까?)　　　　(이 책은 일본어 소설입니다.)

③あの本はなんですか。　　　→ あの本はスペイン語の雑誌です。

　(저 책은 무엇입니까?)　　　　(저 책은 스페인어 잡지입니다.)

④英語の辞書はどの本ですか。→ この本です。(이 책입니다.)

　(영어 사전은 어느 책입니까?)→ その本です。(그 책입니다.)

　　　　　　　　　　　　　　→ あの本です。(저 책입니다.)

(2) どの方(かた) 어느 분 : どの(어느 ; 연체사) + かた(분)

　■ このかた (이 분), そのかた (그 분), あのかた (저 분)

　※ cf. ひと(人) 사람

■질문과 대답(경어 사용에 주의; 친밀도 및 상하관계에 따라)

[예] 山田さんはどのかたですか。

→①このかたです。(이 분입니다.)

②このかたが山田さんです。(이 분이 야마다씨입니다.)

(※さん 사용)

③このひとです。(이 사람입니다.)

④このひとが山田です。(이 사람이 야마다입니다.)

(※さん 불사용)

(×)このかたが山田です。(이 분이 야마다입니다.)

(?)このひとが山田さんです。(이 사람이 야마다씨입니다.)

(3) [あのかた]が [저 분]이/가 ; 주격 조사(「は」와의 비교)

[예] この本 が/は 英語の辞書です。

(이 책 이/은 영어 사전입니다.)

このかた が/は 会長(かいちょう)です。

(이 분 이/은 회장님입니다.)

わたし が/は 山田です。

(제가 / 저는 야마다입니다.)

どのかた が/は(×) 山田さんですか。

(어느 분이 야마다씨입니까?)

どのかた が/は(×) 会長ですか。

(어느 분이 회장님입니까?)

(4) どなた 「누구(だれ)」의 존경어   cf. どちらさま

■どなた 와 どのかた

[예] ①A：あのかたはどなたですか。

(저 분은 누구십니까?)

B：この会社(かいしゃ)の会長です。

　　　　　(이 회사의 회장님입니다.)

②A : この会社の会長はどのかたですか。

　　　　　(이 회사의 회장님은 어느분이십니까?)

　B : あのかたです。

　　　　(저 분입니다.)

③ (ピンポン~) はい、どちらさまですか。

　　　　(띵똥) 네, 누구십니까?

(5) 인칭대명사(人称代名詞)

自称 (1인칭)	対称 (2인칭)	他称(3인칭)			不定称
		近称	中称	遠称	
わたくし わたし ぼく おれ われわれ	이름+さん あなた きみ おまえ	このかた このひと	そのかた そのひと	あのかた あのひと 彼(かれ) 彼女(かのじょ)	どのかた どのひと どなた だれ

(6) お~　존경의 접두사; 주로 和語(わご; 일본 고유의 말; 訓読)에 접속

　　　　때로는 미화어(美化語)로 쓰임

① 「お」: 존경

　ⅰ お客(きゃく)さんのお部屋(へや)　(손님 방)

　ⅱ 部長(ぶちょう)のおともだち　(부장님 친구분)

② 「お」: 미화어

　お米(こめ)(쌀), お酒(さけ)(술), お料理(りょうり)(요리), お弁当(べんとう)(도시락)

　お水(みず)(물), お金(かね)(돈), お肉(にく)(고기)

※ 1) 존경의 접두사「ご」; 주로 한자어(漢字語) 음독(音読)에 접속

　ご親切(しんせつ)(친절), ご記入(きにゅう)(기입), ご住所(じゅうしょ)(주소)

2) 존경의 접두사「み」; 신에 대한 경의를 표하는 의미로 사용

(主の;주님의) み手(손), み言葉(말씀), み前(전)

(7) [お名前は]なんですか [이름(존함)]은 무엇입니까?

■ なん(무엇;의문사) + ですか(입니까?)

[예] A : あのう、こちらは**なんですか**。

(저, 이쪽은 무엇입니까?)

B : そちらは学生食堂です。

(그쪽은 학생식당입니다.)

A : あのかたの職業は**なんですか**。

(저 분의 직업은 무엇입니까?)

B : あのひとは公務員です。

(저 사람은 공무원입니다.)

■ 何(なん)의 쓰임새

[예] 何才(なんさい;몇살), 何本(なんぼん;몇자루), 何階(なんがい;몇층)

この子供は今何才ですか。(이 아이는 지금 몇 살입니까?)

鉛筆は何本ですか。(연필은 몇 자루입니까?)

学生食堂は何階ですか。(학생식당은 몇 층입니까?)

(8) こちら、そちら、あちら、どちら 이쪽, 그쪽, 저쪽, 어느쪽(사람, 방향)

■ 말하는 이와 듣는 이 간의 거리(위치) 관계에 의한 분류

근칭(近称)	중칭(中称)	원칭(遠称)	부정칭(不定称)
こちら(이쪽)	そちら(그쪽)	あちら(저쪽)	どちら(어느쪽)

※こ・そ・あ・ど계열

①사람

  A：山田さんはどちらのかたですか。

    (야마다씨는 어느 쪽 분입니까?)

  B：こちらです。

    (이 쪽입니다.)

  A：あちらのかたはどなたですか。

    (저 쪽 분은 누구십니까?)

  B：あちらは阿部先生です。

    (저 쪽(분)은 아베 선생님입니다.)

※「どちらのかたですか」의 경우, 두 명을 앞에 두고 어느 쪽인지를 묻는 형식으로 이용 가능하며, 때로는 상대방의 「국적」을 묻는 표현으로도 사용된다.

②방향

  A：お手洗いはどちらですか。

    (화장실은 어느 쪽입니까?)

  B：こちらです。

    (이 쪽입니다.)

  A：あちらはなんですか。

    (저 쪽은 무엇입니까?)

  B：あちらは郵便局です。

    (저쪽은 우체국입니다.)

※「お国はどちらですか」의 경우「출신[고향]은 어디십니까?」와 같이 상대방의 출신을 묻는 표현으로 사용된다.)

(9) 사람 수 세는 법

■수사

고유어			한자어		
한국어	일본어		한국어	일본어	
하나 / 한 개	一つ	ひとつ	일	一	いち
둘 / 두 개	二つ	ふたつ	이	二	に
셋 / 세 개	三つ	みっつ	삼	三	さん
넷 / 네 개	四つ	よっつ	사	四	し/よ/よん
다섯 / 다섯 개	五つ	いつつ	오	五	ご
여섯 / 여섯 개	六つ	むっつ	육	六	ろく
일곱 / 일곱 개	七つ	ななつ	칠	七	しち/なな
여덟 / 여덟 개	八つ	やっつ	팔	八	はち
아홉 / 아홉 개	九つ	ここのつ	구	九	く/きゅう
열 / 열 개	十	とお	십	十	じゅう
몇 개		いくつ			

뜻	읽기	뜻	읽기
한 명(一人)	**ひとり**	여섯 명(六人)	ろくにん
두 명(二人)	**ふたり**	일곱 명(七人)	ななにん・しちにん
세 명(三人)	さんにん	여덟 명(八人)	はちにん
네 명(四人)	よにん	아홉 명(九人)	くにん・きゅうにん
다섯 명(五人)	ごにん	열　명(十人)	じゅうにん
몇 명(何人)	なんにん		

(10) [一人は学生]で、[一人は研究員です]
　　ひとり　　がくせい　　　　　けんきゅういん

　　[한 명은 학생]이고, [한 명은 연구원입니다]

　　→다음 두 문장을 하나로 연결한 형태(~이고)

　　　一人は学生です。 +　一人は研究員です。

[예] ①わたしは学生です。 +　彼は研究員です。

　　　→わたしは学生で、彼は研究員です。

　　　　(저는 학생이고, 그 사람은 연구원입니다.)

②こちらは山田さんです。 + あちらは阿部先生です。
→こちらは山田さんで、あちらは阿部先生です。
(이 쪽은 야마다씨이고, 저 쪽은 아베 선생님입니다.)

〈新しい単語〉

客(きゃく ; 손님)   部屋(へや ; 방)
小説(しょうせつ ; 소설)   雑誌(ざっし ; 잡지)
米(こめ ; 쌀)   酒(さけ ; 술)
水(みず ; 물)   金(かね ; 돈)
肉(にく ; 고기)   親切(しんせつ ; 친절)
記入(きにゅう ; 기입)   主(しゅ ; 주님)
手(て ; 손)   言葉(ことば ; 말)
料理(りょうり ; 요리)   弁当(べんとう ; 도시락)
職業(しょくぎょう ; 직업) 公務員(こうむいん ; 공무원)
学生会館(がくせいかいかん ; 학생회관)
子供(こども ; 아이)   今(いま ; 지금)
鉛筆(えんぴつ ; 연필)   お手洗い(おてあらい ; 화장실)
郵便局(ゆうびんきょく ; 우체국)

발 음 연 습(発音の練習) 2

I
① か　　　　　　が　　　　　　かが
② き　　　　　　ぎ　　　　　　きぎ
③ く　　　　　　ぐ　　　　　　くぐ
④ け　　　　　　げ　　　　　　けげ
⑤ こ　　　　　　ご　　　　　　こご

II
① がか　　　　（ 画家 ： 화가 ）
② こうぎ　　　（ 講義 ： 강의 ）
③ かぐ　　　　（ 家具 ： 가구 ）
④ げき　　　　（ 劇 ： 극 ）
⑤ かご　　　　（ 箱 ： 바구니 ）

III
① くき　　　　（ 茎 ： 줄기 ）
　 くぎ　　　　（ 釘 ： 못 ）
② けい　　　　（ 計 ： 합계 ）
　 げい　　　　（ 芸 ： 재주 ）
③ こうか　　　（ 高価 ： 고가 ）
　 ごうか　　　（ 豪華 ： 호화 ）
④ かんこく　　（ 韓国 ： 한국 ）
　 かんごく　　（ 監獄 ： 감옥 ）
⑤ ちゅうこく　（ 忠告 ： 충고 ）
　 ちゅうごく　（ 中国 ： 중국 ）

IV
① なんがい(何階)ですか。
　 ごかい(五階)です。
② えいご(英語)のほん(本)です。
③ ありがとうございます。

V　か　き　く　け　こ
　 が　ぎ　ぐ　げ　ご

〈練習問題〉

1. 다음 (　) 안에 적당한 말을 넣으시오.

①あのかたはどなたですか。
　　→(　　　　) は山田さんです。
②そのかたのお名前は(　　　　) ですか。
　　→(　　　　) は山田です。
③そちらのかたも学生ですか。
　　→はい、(　　　　) 学生です。
④一人は中国(　　　　)留学生(　　　　)、一人は日本人です。

2. 다음을 한자로 쓰고 그 읽는 법을 ひらがな로 쓰시오.

①선배
②생존
③대지
④진학
⑤사건
⑥연구원

3. 다음 한국어를 일본어로 옮기시오.
①이 책은 일본어 사전입니다.

②저 분이 야마다씨이고, 이쪽 분이 아베 선생님입니다.

③이 쪽이 손님 방입니다.

④이 쪽이 학교이고, 저 쪽이 학생회관입니다.

⑤저 세 사람은 이 학교의 학생입니다.

◈ 일본인 名字(みょうじ)ランキング

順位 (じゅんい)	名字 (みょうじ)	読み方 よみかた
1位(いち い)	佐藤	さとう
2位(に)	鈴木	すずき
3位(さん)	高橋	たかはし
4位(よん)	田中	たなか
5位(ご)	渡辺 / 渡邊	わたなべ
6位(ろく)	伊藤	いとう
7位(なな)	山本	やまもと
8位(はち)	中村	なかむら
9位(きゅう)	小林	こばやし
10位(じゅう)	加藤	かとう

제 3 과

これは何(なん)ですか

§ 학습목표

① 지시사 「これ·それ·あれ·どれ」의 용법 학습
② 문맥 이해력의 증대
③ 역접(逆接) 구문의 이해
④ 출신, 국적에 대한 표현 학습

◆ 포인트문형 ◆

1. A : この本(ほん)はなんですか。
   B : それは日本語(にほんご)の教科書(きょうかしょ)です。
2. 一冊(いっさつ)は日本語の本ですが、もう一冊は英語(えいご)の本です。
3. A : ご出身(しゅっしん)はどちらですか。
   B : 大阪(おおさか)出身です。/ 大阪生(う)まれです。

▋ 본문회화

〈これは何ですか〉

山田　　：この本はなんですか。

朴　　　：それは英語の辞書です。

山田　　：それも英語の辞書ですか。

朴　　　：いいえ、これは辞書ではありません。
　　　　　専門の教科書です。

山田　　：ご専門はなんですか。

朴　　　：経営学です。

山田　　：では、それは経営学の教科書ですね。

朴　　　：はい、そうです。

マリア　：それはなんの本ですか。

陳　　　：これは中国語の辞書です。

マリア　：あの二冊も中国語の本ですか。

陳　　　：いいえ、一冊は中国語の小説ですが、
　　　　　もう一冊は日本語の雑誌です。

マリア　：なんの雑誌ですか。

陳　　　：経済学の専門紙です。

朴　　　：田中さん、ご出身はどちらですか。

山田　　：わたしは大阪出身です。パクさんは。

朴　　　：わたしは韓国のソウル生まれです。

山田　　：では、パクさんは今ひとり暮らしですか。

朴　　　：ええ、そうです。山田さんは。

山田　　：わたしも去年まではそうでした。

〈본문해석〉

〈이것은 무엇입니까?〉

야마다 : 이 책은 무엇입니까?
박시호 : 그것은 영어 사전입니다.
야마다 : 그것도 영어 사전입니까?
박시호 : 아니오, 이것은 영어 책이 아닙니다. 전공 교과서입니다.
야마다 : 전공은 무엇입니까?
박시호 : 경영학입니다.
야마다 : 그럼, 그것은 경영학 교과서군요.
박시호 : 네, 그렇습니다.

마리아 : 그것은 무슨 책입니까?
진상희 : 이것은 중국어 사전입니다.
마리아 : 저 두 권도 중국어 책입니까?
진상희 : 아니오, 한 권은 중국어 소설입니다만,
　　　　또 한 권은 일본어 잡지입니다.
마리아 : 무슨 잡지입니까?
진상희 : 경제학 전문지입니다.

박시호 : 야마다씨, 출신[고향]은 어디십니까?
야마다 : 저는 오사카 출신입니다. 박(시호)씨는(요)?
박시호 : 저는 한국 서울 출신입니다.
야마다 : 그럼, 박(시호)씨는 지금 혼자 사십니까?
박시호 : 네, 그렇습니다. 야마다씨는(요)?
야마다 : 저도 작년까지는 그랬습니다.

◆ 語　彙 ◆

それ	그것
英語(えいご)	영어
辞書(じしょ)	사전
本(ほん)	책
専門(せんもん)	전공
教科書(きょうかしょ)	교과서
経営学(けいえいがく)	경영학
では~	그러면
~ですね	~이군요(です＋ね;종조사)
そうです	그렇습니다
なん(何)の	무슨(なんの＋체언)
これ	이것
中国語(ちゅうごくご)	중국어
二冊(にさつ)	두 권
一冊(いっさつ)	한 권
小説(しょうせつ)	소설
もう	또, 다른, 다시, 벌써, 이미
日本語(にほんご)	일본어
雑誌(ざっし)	잡지
経済学(けいざいがく)	경제학
専門紙(せんもんし)	전문지
ご出身(しゅっしん)	출신(ご(존경의 접두사)＋出身)
大阪(おおさか)	오사카(지명)
ソウル生(う)まれ	서울태생
今(いま)	지금
ひとり暮(ぐ)らし	혼자사는 것, 독신생활
去年(きょねん)	작년
~まで	~까지
そうでした	그랬습니다(そうです의 과거형)

◆ 漢字を読んでみよう ◆

■本(ほん) 책
　・本番(ほんばん ; 본방), 本屋(ほんや ; 책방), 基本(きほん ; 기본)

■英語(えいご) 영어
　①英 : 英雄(えいゆう ; 영웅), 英国(えいこく ; 영국, イギリス)
　②語 : 語学(ごがく ; 어학), 言語(げんご ; 언어)

■辞書(じしょ) 사전
　①辞 : 辞典(じてん ; 사전), 辞表(じひょう ; 사표)
　②書 : 書斎(しょさい ; 서재), 教養書(きょうようしょ ; 교양서)

■教科(きょうか) 교과
　①教 : 教育(きょういく ; 교육), 説教(せっきょう ; 설교)
　②科 : 科学(かがく ; 과학), 理科(りか;이과, 文科 ; ぶんか : 문과)

■専門(せんもん) 전문(전공)
　①専 : 専攻(せんこう ; 전공), 専用(せんよう ; 전용)
　②門 : 門限(もんげん ; ; 문한, 통금), 正門(せいもん ; 정문)

문 형·문 법(文型と文法)

(1) これ、それ、あれ、どれ　물건 ; 지시대명사
　■말하는 이와 듣는 이 간의 거리(위치) 관계에 의한 분류

근칭(近称)	중칭(中称)	원칭(遠称)	부정칭(不定称)
これ(이것)	それ(그것)	あれ(저것)	どれ(어느것)

※こ·そ·あ·ど 계열

■질문과 대답
　①A : それはなんですか。
　　　(그것은 무엇입니까?)
　　B : これは英語の辞書です。
　　　(이것은 영어 사전입니다.)
　②A : あれはなんですか。
　　　(저것은 무엇입니까?)
　　B : あれは日本語の本です。
　　　(저것은 일본어 책입니다.)
　③A : 英語の辞書はどれですか。
　　　(영어 사전은 어느것입니까?)
　　B : これです。/ これが英語の辞書です。
　　　(이것입니다. / 이것이 영어 사전입니다.)
　　　それです。/ それが英語の辞書です。
　　　(그것입니다. / 그것이 영어 사전입니다.)
　　　あれです。/ あれが英語の辞書です。
　　　(저것입니다. / 저것이 영어 사전입니다.)

(2) ご専門はなんですか。 전공은 무엇입니까?

   ■대답 : ① わたしの専門は経営学です。

   　　　　　 (제 전공은 경영학입니다.)

   　　　　② 経営学専攻です。

   　　　　　(경영학 전공입니다.)

   [예] 文学(ぶんがく;문학), 哲学(てつがく;철학), 工学(こうがく;공학)
   　　 史学(しがく;사학), 医学(いがく;의학), 体育学(たいいくがく;체육학)
   　　 語文学(ごぶんがく;어문학), 人文学(じんぶんがく;인문학)

(3) では[じゃ]、 그러면, 그럼 ; 접속사(장면전환)

   [예] A : 木村さんはどのかたですか。

   　　　　(기무라씨는 어느 분입니까?)

   　　 B : あのひとです。

   　　　　(저 사람입니다.)

   　　 A : では、阿部先生は。

   　　　　(그럼, 아베선생님은(요)?)

   　　 B : あちらのかたです。

   　　　　(저 쪽 분입니다.)

   　　 A : その本は英語の辞書ですか。

   　　　　 (그 책은 영어 사전입니까?)

   　　 B : いいえ、これは日本語の辞書です。

   　　　　(아니오, 이것은 일본어 사전입니다.)

   　　 A : では、この本はなんですか。

   　　　　(그럼, 이 책은 무엇입니까?)

   　　 B : それは日本語の小説です。

   　　　　(그것은 일본어 소설입니다.)

(4) [それは経営学の教科書ですね　종조사; ~이군요

■~ね　문말에 위치; 상대방의 질문 내용에 동의 혹은 확인
　　　　　　　　　(억양에 주의)

[예] A：これは[電話／スマートフォン]ですか。

(이것은 전화/스마트폰입니까?)

B：ええ、そうですね。[電話／スマホ]ですね↘。(동의, 억양을 낮춤)

(네, 그렇군요. 전화군요.)

A：これは日本語の本ですね↗。(확인, 억양을 높임)

(이것은 일본어 책이지요?)

B：ええ、それは日本語の小説です。

(네, 그것은 일본어 소설입니다.)

(5) [はい、]そうです　　[네], 그렇습니다

■そうです　부사「そう(그렇게, 그런)」+「です」

[예] A：これは彼の本で、あれがあなたの本ですね。

(이것은 그 사람 책이고, 저것이 당신 책이지요?)

B：はい、そうです。(=はい、それは彼の本で、あれがわたしの本です)

(네, 그렇습니다.(=네, 그것은 그사람 책이고, 저것이 내 책입니다)

A：これもパソコンですか。

(이것도 퍼스널 컴퓨터입니까?)

B：ええ、そうです。(=ええ、それもパソコンです)

(네, 그렇습니다.(=네, 그것도 퍼스널 컴퓨터입니다.)

※부정형：そうでは[=じゃ]ありません。

(6) [それは]何(なん)の[本ですか] [그것은] 무슨 [책입니까?]

■なんの+체언(명사)

[예] なんの用件(ようけん)ですか。   = 用件はなんですか。
    (무슨 용건입니까?)   (용건은 무엇입니까?)

    なんの会社(かいしゃ)ですか。   ≠ 会社はなんですか。
    (무슨[뭐하는] 회사입니까?)   (회사는 무엇입니까?)
                              (회사란 무엇 하는 곳입니까?)

    次(つぎ)はなんの授業(じゅぎょう)ですか。 = 次の授業はなんですか。
    (다음은 무슨 수업입니까?)   (다음 수업은 무엇입니까?)

    なんのプレゼントですか。   ≠ プレゼントはなんですか。
    (무슨 선물입니까?)   (선물(의 내용)은 무엇입니까?)

(7) 雑誌(ざっし;잡지)
■促音(そくおん)
    후속 자음에 따라 [k], [t], [p]로 발음.

① [k]가 되는 경우 : 「か」行 앞에서

    作家(さっか) 작가 日記(にっき) 일기 ノック 노크 設計(せっけい) 설계 引(ひ)っ越(こ)し 이사

② [t]가 되는 경우 : 「さ, た」行 앞에서

    マッサージ 마사지 雑誌 잡지 真(ま)っ直(す)ぐ 곧바로

    率先(そっせん) 솔선 こっそり 몰래

    絶対(ぜったい) 절대 一致(いっち) 일치 四(よっ)つ 넷 切手(きって) 우표 夫(おっと) 남편

③ [p]가 되는 경우 : 「ぱ」行 앞에서

    一杯(いっぱい) 가득 執筆(しっぴつ) 집필 モップ 모포걸레 合併(がっぺい) 합병 札幌(さっぽろ) 삿포로

(8) 二冊(にさつ)　두 권

■조수사(助数詞)

	階(층)	番(번)	冊(권)	匹(마리)	本(자루)
何	なんかい / なんがい	なんばん	なんさつ	なんびき	なんぼん
一	いっかい	いちばん	いっさつ	いっぴき	いっぽん
二	にかい	にばん	にさつ	にひき	にほん
三	さんかい / さんがい	さんばん	さんさつ	さんびき	さんぼん
四	よんかい	よんばん	よんさつ	よんひき	よんほん
五	ごかい	ごばん	ごさつ	ごひき	ごほん
六	ろっかい	ろくばん	ろくさつ	ろっぴき	ろっぽん
七	ななかい	ななばん	ななさつ	ななひき	ななほん
八	はっかい / はちかい	はちばん	はっさつ	はっぴき	はっぽん
九	きゅうかい	きゅうばん	きゅうさつ	きゅうひき	きゅうほん
十	じっかい / じゅっかい	じゅうばん	じゅっさつ	じっぴき / じゅっぴき	じっぽん / じゅっぽん

(9) [一冊は中国語の小説です]が、[もう一冊は日本語の雑誌です]

[한 권은 중국어 소설입니다만, [또 한 권은 일본어 잡지입니다.]

■~が 접속사 ; 「~만」, 「~인데」 : 용언(用言)에 접속,
두 문장을 하나로 연결 ; 역접(逆接)·대비(対比)·화제제시(話題提示)

[예] わたしは学生です。 + 彼は事務員です。

→ わたしは学生ですが、彼は事務員です。
　　(저는 학생입니다만, 그 사람은 사무원입니다.)

一階は食堂です。 + 二階は事務室です。

→ 一階は食堂ですが、二階は事務室です。
　　(일 층은 식당입니다만, 이 층은 사무실입니다.)

こちらが山田さんです。 + 山田さんは学生ではありません。
→ こちらが山田さんですが、学生ではありません。
(이 쪽이 야마다씨인데요, 학생이 아닙니다.)

(10) もう[一冊(いっさつ)] 또 [한 권]

① 더, 또, 다시, 그 밖에(もう+수량이나 횟수를 나타내는 말)

[예] もう一度(いちど)お願(ねが)いします。(한 번 더 부탁합니다.)

もう一(ひと)つください。(하나 더 주세요.)

② 벌써, 이제, 이미

[예] もう夏(なつ)ですね。(벌써 여름이군요.)

もうお昼(ひる)の時間(じかん)ですね。(벌써 점심 시간이네요.)

(11) 今(いま) 지금

さっき(先) 아까 → いま → あと(後) 나중

[예] さっきのかたはどなたですか。

(아까 분은 누구십니까?)

いま工事中(こうじちゅう)です。

(지금 공사중입니다.)

掃除(そうじ)はあとの仕事(しごと)です。

(청소는 나중 일입니다.)

(12) 去年(きょねん) 작년(=昨年;さくねん)

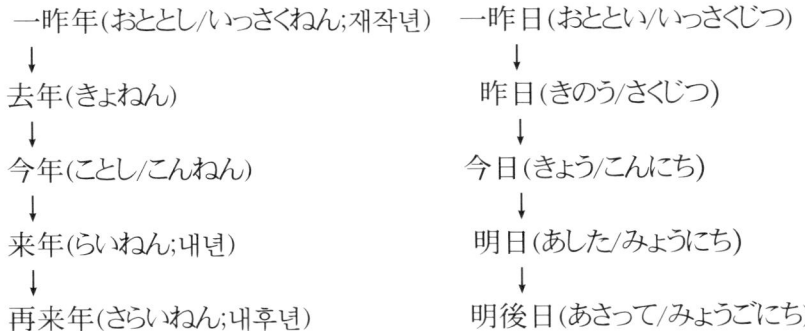

(13) [去年]まで [작년]까지

　■まで　시간이나 장소를 뜻하는 말에 붙어 도달점이나 종점을 나타냄.
　　　　보통 기점을 나타내는「~から(부터, 에서)」와 함께
　　　　「~から~まで」형식으로 쓰임.

　① 시간(~부터)
　　[예] 1年生の時から三年生の時まで(일학년 때부터 삼학년 때까지)
　　　　朝から[晩/夜]まで(아침부터 저녁/밤까지)

　② 장소(~에서)
　　[예] [韓国/ソウル]から[日本/東京]まで(한국/서울에서 일본/동경까지)
　　　　ここから学校まで(여기에서 학교까지)

(14) [そう]でした 그랬습니다 ; 과거
　■です(~입니다;조동사)의 활용

	긍 정	부 정
현재	学生です	学生では[じゃ]ありません
과거	学生でした	学生では[じゃ]ありませんでした

[예] 去年は満席でした。

(작년은 만석이었습니다.)

きのうまではわたしも学生でした。

(어제까지는 저도 학생이었습니다.)

さっきの人は学生ではありませんでした。

(아까 (그)사람은 학생이 아니었습니다.)

彼は一年前まではこの会社の社長でした。

(그는 일년 전까지는 이 회사의 사장이었습니다.)

(15) お国はどちらですか / お国はどこですか 출신은 어디십니까?

■출신(국적)을 묻는 표현

① お国は(どちらですか)。

② ご出身は(どこですか)。(출신은 어디십니까?)

③ お生まれはどちらですか。(태어난 곳은 어디십니까?)

④ 故郷はどこですか。(고향은 어디십니까?)

■대답

① 지명 ＋ 生(う)まれ

[예] 東京生まれ(とうきょううまれ;동경 태생) / ソウル生まれ(서울 태생)
　　　大阪(おおさか)生まれ(오사카 태생) / アメリカ生まれ(미국 태생)

② 지명 ＋ 出身(しゅっしん)

[예] 東京出身 / ソウル出身 / 大阪出身 / アメリカ出身

〈新しい単語〉

専攻(せんこう;전공)　　　　　　　小説(しょうせつ;소설)
電話(でんわ;전화)
パソコン(퍼스널 컴퓨터) パーソナル(personal)＋コンピューター(computer)
用件(ようけん;용건)　　　　　　　次(つぎ;다음)
授業(じゅぎょう;수업)　　　　　　プレゼント(선물)
一度(いちど;한 번)　　　　　　　　ください(주세요)
夏(なつ;여름)　春(はる;봄)　夏(なつ)　秋(あき;가을)　冬(ふゆ;겨울)
工事中(こうじちゅう;공사중)　　　掃除(そうじ;청소)
仕事(しごと;일)　　　　　　　　　お昼(ひる;점심)
時間(じかん;시간)　　　　　　　　一年生(いちねんせい;1학년)
時(とき;때)　　　　　　　　　　　三年生(さんねんせい;3학년)
朝(あさ;아침)　　　　　　晩(ばん;저녁)　　　　　夜(よる;밤)
ここ 여기　そこ 거기　あそこ 저기　どこ 어디
満席(まんせき;만석)　　　　　　　一年前(いちねんまえ;1년전)
故郷(こきょう/ふるさと;고향)

발 음 연 습 (発音の練習) 3

Ⅰ ① さ　　　ざ　　　　さあ　　　　　ざあ
　　② し　　　じ　　　　しい　　　　　じい
　　③ す　　　ず　　　　すう　　　　　ずう
　　④ せ　　　ぜ　　　　せえ　　せい　　ぜえ　　ぜい
　　⑤ そ　　　ぞ　　　　そお　　そう　　ぞお　　ぞう

Ⅱ ① ざいこ　　　　（ 在庫 ： 재고 ）
　　② しじ　　　　　（ 指示 ： 지시 ）
　　③ すずしい　　　（ 시원하다 ）
　　④ かぜ　　　　　（ 風 ： 바람 ）
　　⑤ きぞく　　　　（ 貴族 ： 귀족 ）

Ⅲ ① しそく　　　　（ 子息 ： 자식 ）
　　　じそく　　　　（ 時速 ： 시속 ）
　　② すす　　　　　（ 煤 ： 매연 ）
　　　すず　　　　　（ 鈴 ： 방울 ）
　　③ そうじ　　　　（ 掃除 ： 청소 ）
　　　ぞうし　　　　（ 増資 ： 증자 ）
　　④ そうり　　　　（ 総理 ： 총리 ）
　　　ぞうり　　　　（ 草履 ： 짚신 ）

Ⅳ ① そのテレビはいくらですか。
　　　さんぜんえんです。
　　② だれのざっし(雑誌)ですか。
　　　せんせい(先生)のです。
　　③ もしもし、すずき(鈴木)さんですか。

Ⅴ さ　し　す　せ　そ
　　ざ　じ　ず　ぜ　ぞ

〈練習問題〉

1. 다음 ( ) 안에 적당한 말을 넣으시오.

①その本はなんですか。
　→(　　　　)は日本語の辞書です。
②わたしは韓国出身です(　　　　)、彼は中国(　　　　)です。
③なん(　　　　) 本ですか。
　→日本語(　　　　) 小説です。
④一人は学生ですが、(　　　　) 一人は学生(　　　　)ありません。
⑤去年までは学生(　　　　)。

2. 다음을 한자로 쓰고 그 읽는 법을 히라가나로 쓰시오.

①한 권
②책방
③언어
④교과서
⑤교실
⑥전공

3. 다음 한국어를 일본어로 옮기시오.

①작년까지는 혼자 살았습니다.

②그럼, 이 책도 소설입니까?

③저는 서울 출신으로, 지금은 혼자 삽니다.

④다시 한번 부탁드립니다.

⑤좀 전의 사람은 선생님이 아니었습니다.

◆ ^{にほんちず}日本地図

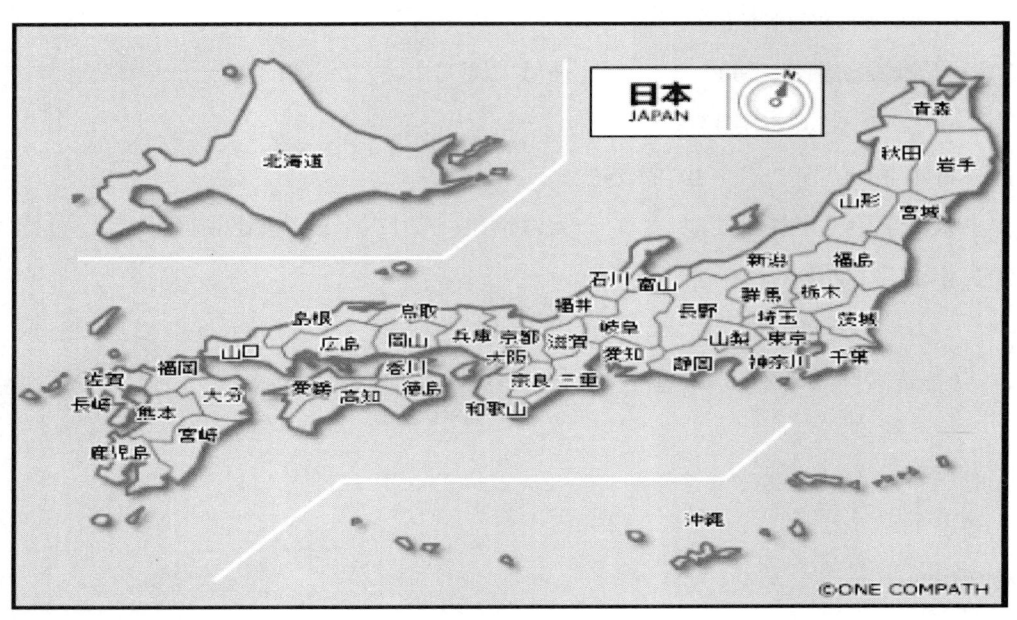

^{ほっかいどうちほう}北海道地方　北海道

^{とうほく}東北地方　^{あおもり}青森　^{あきた}秋田　^{いわて}岩手　^{やまがた}山形　^{みやぎ}宮城　^{ふくしま}福島

^{かんとう}関東地方　^{とちぎ}栃木　^{いばらき}茨城　^{ぐんま}群馬　^{さいたま}埼玉　^{とうきょう}東京　^{かながわ}神奈川　^{ちば}千葉

^{ちゅうぶ}中部地方　^{にいがた}新潟　^{ながの}長野　^{やまなし}山梨　^{しずおか}静岡　^{とやま}富山　^{ぎふ}岐阜　^{あいち}愛知　^{いしかわ}石川　^{ふくい}福井

^{きんき}近畿地方　^{しが}滋賀　^{みえ}三重　^{きょうと}京都　^{おおさか}大阪　^{なら}奈良　^{わかやま}和歌山　^{ひょうご}兵庫

^{ちゅうごく}中国地方　^{とっとり}鳥取　^{おかやま}岡山　^{しまね}島根　^{ひろしま}広島　^{やまぐち}山口

^{しこく}四国地方　^{かがわ}香川　^{とくしま}徳島　^{えひめ}愛媛　^{こうち}高知

^{きゅうしゅう}九州地方　^{ふくおか}福岡　^{おおいた}大分　^{さが}佐賀　^{ながさき}長崎　^{くまもと}熊本　^{みやざき}宮崎　^{かごしま}鹿児島　^{おきなわ}沖縄

제 4 과

どこにありますか

§ 학습목표

① 위치 명사의 이해와 그 활용
② 존재문 「~ 에 있다/없다」의 습득과 활용
③ 회화 전개 요령 파악

◆ 포인트문형 ◆

1. なにがありますか。
2. どこにありますか。
3. どこにいますか。
4. 学校(がっこう)の後(うし)ろが公園(こうえん)です。

■ 본문회화

〈どこにありますか〉

山田　　：あの建物(たてもの)はなんですか。

朴　　　：あれは学生会館(がくせいかいかん)です。

山田　　：学生会館にはなにがありますか。

朴　　　：郵便局(ゆうびんきょく)や銀行(ぎんこう)、それから食堂(しょくどう)などがあります。

山田　　：食堂は何階(なんがい)にありますか。

朴　　　：食堂は二階(にかい)で、郵便局や銀行は地下一階(ちかいっかい)です。

山田　　：食堂はほかにありませんか。

朴　　　：学生会館のほかにも二(に)カ所(しょ)あります。

朴　　　：あのう、すみませんが、区役所(くやくしょ)はどこにありますか。

A　　　：区役所ですか。さあ。

朴　　　：あのビルはなんですか。

A　　　：あれは市役所(しやくしょ)ですが。

朴　　　：あ、あれが市役所ですか。

　　　　　じゃ、その後(うし)ろが区役所ですね。

朴　　　：あのう、新宿行(しんじゅくゆ)きの電車(でんしゃ)の乗(の)り場(ば)はどこですか。

駅員(えきいん)　：3番(さんばん)プラットホームです。

朴　　　：その電車は特急ですか。

駅員　　：いいえ、特急はここにはありません。
　　　　　全部各駅停車です。

朴　　　：へえ、そうですか。

朴　　　：マリアさんは今どこにいますか。

山田　　：講義室の中にいませんか。

朴　　　：そこにはいませんが。

山田　　：それじゃ、図書館ですね。

朴　　　：うそ、マリアさんが図書館だなんて。

山田　　：パクさん、それ、ちょっと失礼じゃありませんか。

朴　　　：すみません。

〈본문해석〉

〈어디에 있습니까?〉

야마다 : 저 건물은 무엇입니까?
박시호 : 저것은 학생회관입니다.
야마다 : 학생회관에는 무엇이 있습니까?
박시호 : 우체국이랑 은행, 그리고 식당 등이 있습니다.
야마다 : 식당은 몇 층에 있습니까?
박시호 : 식당은 2층이고, 우체국이랑 은행은 지하 1층입니다.
야마다 : 식당은 다른 데[달리] 없습니까?
박시호 : 학생회관 이외에도 두 군데 있습니다.

박시호 : 저, 미안합니다만, 구청은 어디 있습니까?
A : 구청이요? 글쎄요.
박시호 : 저 빌딩은 무엇입니까?
A : 저것은 시청입니다.
박시호 : 아, 저것이 시청입니까. 그럼 그 뒤가 구청이군요.

박시호 : 저, 신쥬쿠 행 전철 타는 곳은 어디입니까?
역원 : 3번 플랫폼입니다.
박시호 : 그 전철은 특급입니까?
역원 : 아니오, 특급은 여기에는 없습니다. 전부 각 역 정차입니다.
박시호 : 허, 그렇습니까?

박시호 : 마리아씨는 지금 어디에 있습니까?
야마다 : 강의실 안에 없습니까?
박시호 : 거기에는 없습니다만.
야마다 : 그럼, 도서관이네요.
박시호 : 거짓말.[거짓말이죠?] 마리아씨가 도서관이라니.
야마다 : 박(시호)씨, 그거 좀 실례 아닙니까?
박시호 : 미안합니다.

◆ 語　彙 ◆

建物(たてもの)	건물(訓読인 점에 주의)
あれ	저것(これ, それ, あれ, どれ)
学生会館(がくせいかいかん)	학생회관
~に	~(장소)에
なにが	무엇이
あります	있습니다(사물, 식물 존재) (ある＋ます)
郵便局(ゆうびんきょく)	우체국
銀行(ぎんこう)	은행
それから	그리고
食堂(しょくどう)	식당
~など	~등　cf. 等々(などなど) 등등
何階(なんがい、なんかい)	몇 층
二階(にかい)	2층
地下(ちか)一階(いっかい)	지하 1층
ほかに	이외에, 달리; 他に
ありません	없습니다 (ある＋ません)
二カ所(にかしょ)	두군데　一カ所(いっかしょ) 한군데
すみません	미안합니다
区役所(くやくしょ)	구청　県庁(けんちょう) 현청
どこ	어디　ここ, そこ, あそこ, どこ
さあ	글쎄(요)
ビル	빌딩　cf. ビール 맥주
市役所(しやくしょ)	시청
~ですが	~입니다만
じゃ、	그럼(＝では의 회화체형)
後ろ(うしろ)	뒤　cf. 前(まえ) 앞
新宿行き(しんじゅくゆき)	신쥬쿠 행

電車(でんしゃ)	전철
乗り場(のりば)	승차장, 승강장
3番(さんばん)	3번 一番(いちばん) 二番(にばん)
プラットホーム	플랫폼(platform)
特急(とっきゅう)	특급
ここ	여기
全部(ぜんぶ)	전부
各駅停車(かくえきていしゃ)	각역 정차
へえ	허~
今(いま)	지금
います	있습니다(사람, 동물 존재) (いる+ます)
講義室(こうぎしつ)	강의실
中(なか)	안 cf. 外(そと) 밖
いません	없습니다(いる+ません)
そこ	거기
それじゃ	그러면(それでは의 회화체형)
図書館(としょかん)	도서관 cf. 図面(ずめん, 訓読) 도면
うそ	거짓말(회화체에서는 그럴 리가 없다라는 의미로 '진짜?'의 뜻을 갖는다)
[명사だなんて	~라니, ~따위
ちょっと	좀 cf. 少(すこ)し
失礼(しつれい)	실례 cf. 失礼します 실례합니다
~じゃありませんか	~가 아닙니까?(=ではありませんか)

◆ 한 자 읽 기 ◆

■会館(かいかん) 회관
　①会 : 会話(かいわ;회화), 協会(きょうかい;협회)
　②館 : 旅館(りょかん;여관), 館長(かんちょう;관장)

■食堂(しょくどう) 식당
　①食 : 食事(しょくじ;식사), 小食(しょうしょく;소식)
　②堂 : 堂々(どうどう;당당), 講堂(こうどう;강당)

■電車(でんしゃ) 전차;전철
　①電 : 電気(でんき;전기), 節電(せつでん;절전)
　②車 : 駐車(ちゅうしゃ;주차), 車庫(しゃこ;차고)

■全部(ぜんぶ) 전부
　①全 : 全体(ぜんたい;전체), 完全(かんぜん;완전)
　②部 : 部分(ぶぶん;부분), 一部(いちぶ;일부)

문 형·문 법(文型と文法)

(1) ここ, そこ, あそこ, どこ   장소 ; 지시대명사

■말하는 이와 듣는 이 간의 거리(위치) 관계에 의한 분류

근칭(近称)	중칭(中称)	원칭(遠称)	부정칭(不定称)
ここ(여기)	そこ(거기)	あそこ(저기)	どこ(어디)

※こ·そ·あ·ど 계열

■질문과 대답

①A : ここはどこですか。

　　　(여기는 어디입니까?)

　B : ここはソウル駅です。

　　　(여기는 서울역입니다.)

②A : トイレはどこですか。

　　　(화장실은 어디입니까?)

　B : ここです。　　／トイレはここです。　　／ここがトイレです。
　　　(여기입니다.)　(화장실은 여기입니다.)　(여기가 화장실입니다.)
　　　そこです。　　／トイレはそこです。　　／そこがトイレです。
　　　(거기입니다.)　(화장실은 거기입니다.)　(거기가 화장실입니다.)
　　　あそこです。　／トイレはあそこです。　／あそこがトイレです。
　　　(저기입니다.)　(화장실은 저기입니다.)　(저기가 화장실입니다.)

(2) [学生会館]に　[학생회관]에 ; 존재의 장소(격조사)

　■~に[あります/います]　사람이나 사물 등이 존재하는 장소를 나타냄.
　　　　　　　　　(~です문과의 호환 가능)

[예] 銀行は地下一階です。(은행은 지하 일층입니다.)
→ 銀行は地下一階にあります。(은행은 지하 일층에 있습니다.)

トイレはどこですか。(화장실은 어디입니까?)
→ トイレはどこにありますか。(화장실은 어디에 있습니까?)

山田さんは今どこですか。(야마다씨는 지금 어디입니까?)
→ 山田さんは今どこにいますか。(야마다씨는 지금 어디에 있습니까?)

(3) あります / ありません います / いません ;
- ある ① 사물의 존재 유무 ② 소재

- ある의 활용

現在形	普通体		丁重体	
	肯定	否定	肯定	否定
	ある	ない	あります	ありません

① 사물의 존재 유무

[場所]に	[物]が/は	ある/ない
~에	~이(가)/ ~은(는)	있다/없다

[예] 学校のなかに図書館があります。

(학교 안에 도서관이 있습니다.)

A : 近くにタクシー乗り場はありますか。

(근처에 택시 승강장은 있습니까?)

B : 近くに (タクシー乗り場) はありません。

(근처에는 없습니다.)

② 소재

[物]は/が	[場所]に	ある/ない
~은(는)/~이(가)	~에	있다/없다

[예] 図書館は学校のなかにあります。(=学校のなかです)
　　(도서관은 학교 안에 있습니다.)

　　A：タクシー乗り場はどこにありますか。(=どこですか)
　　　(택시 승강장은 어디에 있습니까?)
　　B：あそこに (タクシー乗り場が) あります。(=あそこです)
　　　(저쪽에 있습니다.)

(4) います / いません　います / いません
■いる　①사람(동물)의 존재 유무　②소재

■いる의 활용

現在形	普通体		丁重体	
	肯定	否定	肯定	否定
	いる	いない	います	いません

① 사람(동물)의 존재 유무

[場所]に	[人・動物]が/は	いる/いない
~에	~이(가)/ ~은(는)	있다/없다

[예] 学校のなかに山田さんがいます。
　　(학교 안에 야마다씨가 있습니다.)

　　A：近くに山田さんはいますか。
　　　(근처에 야마다씨는 있습니까?)
　　B：近くに (山田さんは) はいません。
　　　(근처에는 없습니다.)

② 소재

[人・動物]は/が	[場所]に	いる/いない
~은(는)/~이(가)	~에	있다/없다

[예] 山田さんは学校のなかにいます。(=学校のなかです)
(야마다씨는 학교 안에 있습니다.)

A：山田さんはどこにいますか。(=どこですか)
(야마다씨는 어디에 있습니까?)
B：あそこに (山田さんが) います。(=あそこです)
(저 쪽에 있습니다.)

(5) [郵便局]や[銀行]、[それから食堂]など

[우체국]이랑 [은행], [그리고 식당] 등

■ ~や　~랑(와/과, 이나) ; 열거·나열(두 가지 이상을 예로 들어 열거)

[예] つくえの上には、ノートやボールペンなどがあります。
(책상 위에는 노트랑 볼펜 등이 있습니다.)
山田さんや木村さんや鈴木さんは、わたしのともだちです。
(야마다씨랑 기무라씨랑 스즈키씨는 제 친구입니다.)
かばんのなかには、化粧品や携帯電話などがあります。
(가방 안에는 화장품이랑 휴대폰 등이 있습니다.)

(6) それから　그리고, 그리고 나서, 그밖에, 또 ; 접속사

[예] つくえの上にはノートやボールペン、それから鉛筆などがあります。
(책상 위에는 노트랑 볼펜, 그리고 연필 등이 있습니다.)
山田さんや木村さん、それから鈴木さんはわたしのともだちです。
(야마다씨랑 기무라씨, 그리고 스즈키씨는 제 친구입니다.)
かばんのなかには、化粧品や携帯電話、それから本などがあります。
(가방 안에는 화장품이랑 휴대폰, 그리고 책 등이 있습니다.)
教室のなかには、山田さんや木村さん、それから鈴木さんがいます。
(교실 안에는 야마다씨랑 기무라씨, 그리고 스즈키씨가 있습니다.)

(7) [食堂は]ほかに[ありませんか] [식당은] 이외에(달리) [없습니까?]

■ほかに 이외에(뒤에 추가되는 문장에는 も가 사용됨)

[예] つくえの上にはノートのほかに、ボールペンや鉛筆などもあります。
(책상 위에는 노트 이외에 볼펜이랑 연필 등도 있습니다.)
山田さんのほかに、木村さんや鈴木さんもわたしのともだちです。
(야마다씨 이외에 기무라씨랑 스즈키씨도 제 친구입니다.)
かばんのなかには、化粧品や携帯電話のほかに本もあります。
(가방 안에는 화장품이랑 휴대폰 이외에 책도 있습니다.)
教室のなかには、山田さんや木村さんのほかに鈴木さんもいます。
(교실 안에는 야마다씨와 기무라씨 이외에 스즈키씨도 있습니다.)

(8) あのう、すみませんが 저 실례합니다만

■すみません ①실례합니다 ②미안합니다 ③고맙습니다

[예] A: あのう、すみませんが、バス停はどこですか。
(저, 실례합니다만, 버스정류장은 어디입니까?)
B: バス停ですか。それはあちらです。
(버스정류장이요? 그것은 저쪽입니다.)
A: どうも、すみません。
(대단히 고맙습니다.)

A: 今日は遅刻ですね
(오늘은 지각이군요.)
B: どうも、すみません。
(대단히 죄송합니다.)

(9) 後(うし)ろ、中(なか) 뒤, 안

■위치명사
①学校の前(まえ;앞)　山田さんの後ろ(뒤)　前後(ぜんご;전후)
本の表(おもて;앞)　建物の裏(うら; 뒤)　表裏(ひょうり;표리)

②つくえの上(うえ;위)　かばんの中(なか;안)　つくえの下(した;아래,밑)
　上下(じょうげ;상하)

③会社の内(うち;안)　会社の外(そと;밖)　内外(ないがい;내외)

④交差点の右(みぎ;오른쪽)　交差点の左(ひだり;왼쪽)
　左右(さゆう;좌우)　cf. 左側(ひだりがわ)

⑤あの建物の隣り(となり;옆)　玄関の横(よこ;옆)

⑥交差点のそば(곁)　池の周り(주변)　空港の近く(근처)

⑦東(ひがし;동)　西(にし;서)　南(みなみ;남)　北(きた;북)
　東西南北(とうざいなんぼく;동서남북)　cf. 東側(ひがしがわ)

(10) [新宿]行(ゆ)き　[신쥬쿠]행

■ ~行(ゆ)き・~発(はつ;발)・経由(けいゆ;경유)

[예] この列車は大阪発名古屋経由東京行きです。

　　(이 열차는 오사카 발, 나고야 경유, 동경 행입니다.)

A : この新幹線は東京行きですか。

　　(이 신칸센은 동경 행입니까?)

B : はい、そうです。名古屋経由です。

　　(네, 그렇습니다. 나고야 경유입니다.)

A : 何時発ですか。

　　(몇 시 출발입니까?)

B : 発車は11時です。

　　(발차는 11시 입니다.)

(11) [マリアさんが図書館だ]なんて　[마리아씨가 도서관]이라니
　접속: 명사だ+なんて, 용언기본형+なんて
　의미: 의외라고 하는 놀라움의 표현, 또는 '바보스럽다'와 같은 경시하는
　　　 기분의 표현

[例] 彼(かれ)が社長(しゃちょう)だなんて。

(그 사람이 사장이라니(믿을 수 없다).)

今(いま)の時期(じき)に海外旅行(かいがいりょこう)だなんて。

(지금 시기에 해외여행이라니.)

今(いま)の季節(きせつ)に半袖(はんそで)だなんて。

(지금 계절에 반팔이라니)

あの建物(たてもの)が市役所(しゃくしょ)だなんて。

(저 건물이 시청이라니.)

〈新しい単語〉

駅(えき ; 역)　　　　　　　　　　トイレ(화장실, toilet)
なか(中 ; 안)　　　　　　　　　　近く(ちかく ; 가까이, 근처=近所(きんじょ))
タクシー乗(の)り場(ば) 택시승강장　つくえ(机 ; 책상)
ノート(노트)　　　　　　　　　　ボールペン(볼펜)
かばん(가방)　　　　　　　　　　化粧品(けしょうひん ; 화장품)
携帯電話(けいたいでんわ ; 휴대폰) → ケータイ
　　　　　　　　　　　　　　　　cf. スマートフォン→スマホ
鉛筆(えんぴつ ; 연필)　　　　　　遅刻(ちこく ; 지각)
バス停(てい ; 버스정류장, 停(てい)は 停留所 ; ていりゅうじょ)
列車(れっしゃ ; 열차)　　　　　　経由(けいゆ ; 경유)
名古屋(なごや ; 나고야[지명])　　新幹線(しんかんせん ; 일본의 고속철도)
何時発(なんじはつ ; 몇시 출발)　　発車(はっしゃ ; 발차)
時期(じき ; 시기)　　　　　　　　海外旅行(かいがいりょこう ; 해외여행)
季節(きせつ ; 계절)　　　　　　　半袖(はんそで ; 반팔)
　　　　　　　　　　　　　　　　cf. 長袖(ながそで)

발 음 연 습 (発音の練習) 4

Ⅰ ① た　　　　たあ
　　② ち　　　　ちい
　　③ つ　　　　つう
　　④ て　　　　てえ　　　　てい
　　⑤ と　　　　とお　　　　とう

Ⅱ ① した　　　（ 舌 : 혀 ）
　　② うち　　　（ 家 : 집 ）
　　③ つき　　　（ 月 : 달 ）
　　④ かてい　　（ 家庭 : 가정 ）
　　⑤ とけい　　（ 時計 : 시계 ）

Ⅲ ① つき　　　（ 月 : 달 ）
　　　 すき　　　（ 好き : 좋아하다 ）
　　② いつ　　　（ 언제 ）
　　　 いす　　　（ 椅子 : 의자 ）
　　③ ちち　　　（ 父 : 아버지 ）
　　　 しち　　　（ 七 : 일곱 ）

Ⅳ ① きょう(今日)はしちがつ(七月)ついたち(一日)です。
　　② こちらがちち(父)です。
　　③ ありがとう。
　　④ とうていむり(無理)です。

Ⅴ た ち つ て と

〈練習問題〉

1. 다음 (　) 안에 적당한 말을 넣으시오.

①教室（　　　　）はなにが（　　　　）ますか。
②山田さんは図書館（　　　　）（　　　　）ますか。
③特急（　　　　）乗り場は（　　　　）ありますか。
④会社は何階（　　　　）（　　　　）ありますか。
⑤山田さんは教室（　　　　）は（　　　　）ません。

2. 다음을 한자로 쓰고 그 읽는 법을 ひらがな로 쓰시오.

①승차장
②우체국
③3층
④여관
⑤전부
⑥주차

3. 다음 한국어를 일본어로 옮기시오.

①이 건물에는 은행이랑 식당 등이 있습니다.

②저것은 시청이고, 이 건물은 구청입니다.

③서울행 특급은 여기에는 없습니다.

④화장실은 이 건물의 2층에 있습니다.

⑤회사는 저 교차로의 오른쪽에 있습니다.

◆ 季節と天気 계절과 날씨

晴れる 맑다　　　晴れ 맑음

曇る 흐리다　　　曇り 흐림

(大)雨[雪]が 降る　(大)雨[雪]が 止む

(큰)비[눈]가 내리다　(큰)비[눈]이 그치다

台風 태풍　　　嵐 폭풍우

雷 천둥, 번개　　稲妻 천둥, 번개

夕立　　　にわか雨 소나기

梅雨に入る　　장마에 접어들다

梅雨が明ける　장마가 끝나다

梅雨前線　　　장마전선

黄砂 황사　微小粒子状物質(PM2.5) 초미세먼지

新型コロナウイルス感染症対策　신형 코로나바이러스 감염증 대책

제 5 과

ずっと独(ひと)り暮(ぐ)らしでした

§ 학습목표

① 「で」의 용법 습득 및 활용
② 명사문 과거표현의 심화표현
③ 「어떻습니까」「왜입니까」문의 활용
④ 「~ほう」의 습득 및 활용

◆ 포인트문형 ◆

1. 日本(にほん)で何年目(なんねんめ)ですか。
2. 今年(ことし)で一年目(いちねんめ)です。
3. 学校(がっこう)での生活(せいかつ)はどうですか。
4. どうしてですか。/ なぜですか。
5. 雨(あめ)のほうはどうですか。

■ 본문회화

〈ずっと独り暮らしでした〉

山田　　：パクさんは日本で何年目ですか。

朴　　　：今年でちょうど三年目です。

山田　　：日本での生活はどうですか。

朴　　　：大変です。

山田　　：どうしてですか。

朴　　　：ひとり暮らしはなかなか大変ですよ。

山田　　：それはそうですよね。

朴　　　：山田さんもひとり暮らしですか。

山田　　：いいえ、学生時代の四年間、

　　　　　ずっとひとり暮らしでした。

朴　　　：へえ、そうでしたか。ご出身はどこですか。

山田　　：わたしは大阪生まれで大阪育ちです。

　　　　　大学は東京でしたが。

朴　　　：それでひとり暮らしだったんですね。

朴　　　：あのう、あした、ご都合はどうですか。

マリア　：え？　どうしてですか。

朴　　　：あしたは休みの日ですけど。

マリア　：それで?

朴　　　：いや、別に。

山田　　：渋滞のほうはどうでしたか。

朴　　　：一時間もずっとそのままでした。

山田　　：それはなぜでしたか。

朴　　　：前の車が事故だったんです。

山田　　：それは大変でしたね。

朴　　　：結局、遅刻でした。

山田　　：最近、体調はどうですか。

朴　　　：ここ二三日間、風邪で大変でした。

山田　　：それはお気の毒に。お大事に。

朴　　　：どうも。

〈본문해석〉

〈줄곧 혼자 살았습니다〉

야마다 : 박(시호)씨는 일본에서 몇 년째입니까?
박시호 : 올해로 딱 삼 년째입니다.
야마다 : 일본에서의 생활은 어떻습니까?
박시호 : 큰일입니다[힘듭니다].
야마다 : 왜입니까?
박시호 : 혼자 사는 것은 꽤 큰일[힘든 일]이예요.
야마다 : 그건 그렇지요.
박시호 : 야마다씨도 혼자 사십니까?
야마다 : 아니오, 학생 시절 4년간 줄곧 혼자 살았습니다.
박시호 : 허, 그랬습니까. 출신[고향]은 어디십니까?
야마다 : 저는 오사카태생으로 오사카에서 자랐습니다.
　　　　　대학은 동경이었습니다만.
박시호 : 그래서 혼자 살았던 것이군요.

박시호 : 저, 내일 형편은 어떠십니까?[시간 있습니까?]
마리아 : 네? 왜요?
박시호 : 내일은 휴일입니다만.
마리아 : 그래서(요)?
박시호 : 아니, 그냥(요).

야마다 : 교통정체 쪽은 어땠습니까?
박시호 : 한시간이나 줄곧 그대로였습니다.
야마다 : 그건 왜였습니까?
박시호 : 앞 차가 사고였던 것입니다.
야마다 : 그거 큰일이었겠군요.
박시호 : 결국, 지각이었습니다.

야마다 : 요즘 건강은 어떻습니까[건강하십니까]?
박시호 : 요 2, 3일간 감기로 힘들었습니다.
야마다 : 그거 안됐군요. 조심하세요[건강하세요].
박시호 : 고마워요.

◆ 語　彙 ◆

～で	～에서(장소), ～로(시간)
何年目(なんねんめ)	몇년째
今年(ことし)	올해
ちょうど	딱
三年目(さんねんめ)	삼년째
生活(せいかつ)	생활
どうですか	어떻습니까?
大変(たいへん)	큰일, 힘들다(기본형:大変だ;형용동사)
	(형용동사에 관해서는 제10과 참조)
どうして	왜(=なぜ)
なかなか	꽤, 좀처럼
そうですよね	그렇지요(そうです＋よ＋ね)
学生時代(がくせいじだい)	학생시절(이 경우 時節(じせつ)는 불가)
四年間(よねんかん)	4년간
ずっと	줄곧, 계속
～でした	～였습니다(です의 과거형)
大阪(おおさか)生(う)まれ	오사카태생
大阪(おおさか)育(そだ)ち	오사카에서 자람
それで?	그래서(요)? 그런데 왜요?(본디 접속사)
[명사]だったんです	[명사]였던 것 입니다(단정표현, 강조)
あした(明日)	내일
ご都合(つごう)	형편, 사정, 시간
休みの日(やすみのひ)	휴일 (休日; きゅうじつ)
～ですけど	～입니다만 (けれども, けれど, けど)
いや	아니, 아뇨(=いいえ); 남성어
別(べつ)に	그냥, 별다른 것이 없음, 별로
渋滞(じゅうたい)	(교통)정체

~ほう	~쪽, ~편 (方)
一時間(いちじかん)も	한 시간이나, 숫자＋も＝생각보다 많음
そのまま	그대로
なぜ	왜(＝どうして)
前(まえ)	앞(＝後(うし)ろ)
車(くるま)	자동차
事故(じこ)	사고
結局(けっきょく)	결국
遅刻(ちこく)	지각
最近(さいきん)	최근
体調(たいちょう)	건강, 몸의 상태, 컨디션
ここ二三日間(にさんにちかん)	요 2·3일 간
風邪(かぜ)	감기
お気(き)の毒(どく)に	안됐군요
お大事(だいじ)に	(몸)조심하세요 ; 병문안시
どうも	감사합니다, 미안합니다

◆ 漢字を読んでみよう ◆

■生活(せいかつ)　생활
　①生：生前(せいぜん；생전), 人生(じんせい；인생)
　②活：活気(かっき；활기), 死活(しかつ；사활)

■時代(じだい)　시대
　①時：時間(じかん；시간), 戦時(せんじ；전시)
　②代：代名詞(だいめいし；대명사), 先代(せんだい；선대)

■事故(じこ)　사고
　①事：事前(じぜん；사전), 火事(かじ；화재)
　②故：故意(こい；고의), 故障(こしょう；고장)

■最近(さいきん)　최근
　①最：最善(さいぜん；최선), 最初(さいしょ；최초)
　②近：近所(きんじょ；근처), 近況(きんきょう；근황)

문 형·문 법(文型と文法)

(1) [日本]で, [今年]で, [風邪]で [일본]에서, [올해]로, [감기]로(때문에)

■ ~で

① 동작의 장소(~에서)

[예] デパートで買い物 (백화점에서 쇼핑)

　　図書館で勉強 (도서관에서 공부)

② 수단, 방법(~으로)

[예] 学校まではバスで (학교까지는 버스로)

　　ソウルまでは飛行機で (서울까지는 비행기로)

③ 합계, 한도(~으로)

[예] この本は三冊で五千円です。(이 책은 세 권에 오천엔입니다.)

　　これで最後です。(이것으로 마지막입니다.)

④ 원인, 이유(~로, ~때문에)

[예] 事故で怪我 (사고로 상처)

　　渋滞で遅刻 (정체로 지각)

(2) [日本]での [일본]에서의

■ [장소]での+[명사(동작성)] ([장소]에서 행해지는 [동작])

[예] 学校での勉強はどうですか。(학교에서의 공부는 어떻습니까?)

　　外での授業はどうですか。(밖에서의 수업은 어떻습니까?)

　　教室での映画の上映はどうですか。(교실에서의 영화 상영은 어떻습니까?)

　　会社での仕事は大変です。(회사에서의 일은 힘듭니다.)

※への(~으로의)

未来への旅行 (미래로의 여행)

(3) 何年目[ですか]

■ 접미사 目(~째)

[예] 何人目(なんにんめ;몇명째)　一人目(ひとりめ)　二人目(ふたりめ)
　　 何番目(なんばんめ;몇번째)　一番目(いちばんめ)　二番目(にばんめ)
　　 何回目(なんかいめ;몇번째)　一回目(いっかいめ)　二回目(にかいめ)
　　 何日目(なんにちめ;몇일째)　一日目(いちにちめ)　二日目(ふつかめ)

cf. 何冊目, 何代目, 何球目, 何杯目
　　 몇권째　 몇대째　 몇구째　 몇잔째

■ 월(月), ~개월(カ月), 년(年)

月	읽기	カ月	읽기	年	읽기
1月	いちがつ	1カ月	いっかげつ	1年	いちねん
2月	にがつ	2カ月	にかげつ	2年	にねん
3月	さんがつ	3カ月	さんかげつ	3年	さんねん
4月	しがつ	4カ月	**よん**かげつ	4年	**よ**ねん
5月	ごがつ	5カ月	ごかげつ	5年	ごねん
6月	ろくがつ	6カ月	ろっかげつ	6年	ろくねん
7月	**しち**がつ	7カ月	ななかげつ	7年	ななねん
8月	はちがつ		しちかげつ		しちねん
9月	**く**がつ	8カ月	はちかげつ	8年	はちねん
10月	じゅうがつ		はっかげつ	9年	きゅうねん
11月	じゅういちがつ	9カ月	**きゅう**かげつ		くねん
12月	じゅうにがつ	10カ月	じゅっかげつ	10年	じゅうねん
何月	なんがつ	何カ月	なんかげつ	何年	なんねん

■날짜

日	읽기	日	읽기	日	읽기
1日	**ついたち**	12日	じゅうににち	23日	にじゅうさんにち
2日	**ふつか**	13日	じゅうさんにち	24日	**にじゅうよっか**
3日	**みっか**	14日	**じゅうよっか**	25日	にじゅうごにち
4日	**よっか**	15日	じゅうごにち	26日	にじゅうろくにち
5日	**いつか**	16日	じゅうろくにち	27日	**にじゅうしちにち**
6日	**むいか**	17日	**じゅうしちにち**	28日	にじゅうはちにち
7日	**なのか**	18日	じゅうはちにち	29日	**にじゅうくにち**
8日	**ようか**	19日	**じゅうくにち**	30日	さんじゅうにち
9日	**ここのか**	20日	**はつか**	31日	さんじゅういちにち
10日	**とおか**	21日	にじゅういちにち		
11日	じゅういちにち	22日	にじゅうににち	何日	なんにち

(4) どうですか 어떻습니까?

■どうですか(어떻습니까?) / いかがですか(어떠십니까?;정중)

① 상대방의 의사나 의향을 물음

[예] A : 食事はどうしますか。

(식사는 어떻게 하시겠습니까?)

B : ラーメンはどうですか(=いかがですか)。

(라면은 어떻습니까?)

② 안부 물음

[예] A : 最近どうですか(=いかがですか)。

(요즈음 어떻습니까?)

B : おかげさまで、元気です。

(덕분에 잘 지냅니다.)

(5) [大変ですよ [큰일]이에요

■「~よ」: 문장 끝에 쓰임(종조사).

　　　　상대방에게 알리고자 하는 정보의 전달,

　　　　말하는 사람의 주장·확신.

[예] A : あのう、トイレはどこですか。

　　　(저, 화장실은 어디입니까?)

　　B : あそこですよ。資料室の隣り。

　　　(저쪽이에요. 자료실 옆(이요).)

　　A : 犯人はだれですか。

　　　(범인은 누구입니까?)

　　B : きっと彼ですよ、彼。

　　　(분명 그사람이에요, 그사람.)

(6) [それはそうです]よね [그것은] 그렇지요

■「~よね」: 종조사「よ」+ 종조사「ね」 그렇죠, 맞죠?

　　　　말하는 사람이 자신의 주장에 대해 상대방의 동의를 구하고자 할 때 사용.

[예] A : 彼が犯人ですよね。

　　　(그사람이 범인이지요, 맞지요?)

　　B : さあ、それはまだ。

　　　(글쎄, 그것은 아직.)

　　A : 食事はまだですよね。

　　　(식사는 아직이지요, 맞지요?)

　　B : ええ、まだです。

　　　(네, 아직이에요.)

　　A : あの建物が学生食堂ですよね。

　　　(저 건물이 학생회관이지요, 맞지요?)

　　　　B : ええ、そうです。
　　　　　　(네, 그렇습니다.)

(7) [それで、ひとり暮らしだったんですね [그래서 혼자 살았던] 것이군요

　　[前の車が事故]だったんです　[앞 차가 사고였던] 것입니다

■ 명사문의 과거 표현
　　~だ → だった / ~です → でした
[예] 一年前まではぼくも学生だった。→学生だったんです→学生でした。
　　(일 년 전까지는 나도 학생이었다.)
　　ここも四年前までは公園だった。→学校だったんです→学校でした。
　　(여기도 사 년 전까지는 공원이었다.)

■ ~のです = ~んです　~인 것이다(설명)
　앞서 언급한 사항이나, 그 장소의 상황 등에 대하여, 그 원인이나 이유
　등을 설명, 또는 납득. (용언의 경우는 연체형에 접속)
[예] 阿部 : パクさん、どうして遅刻ですか。
　　　　(박(시호)씨, 왜 지각입니까[지각했습니까]?)
　　朴 　: 前の車が事故だったんです。(원인 이유 설명)
　　　　(앞 차가 사고였어요[사고가 났어요].)
　　阿部 : パクさんは電車じゃないですか。
　　　　(박(시호)씨는 전철 아닌가요[전철 타지 않으세요]?)
　　朴 　: ええ、でも今日はバスだったんです。(원인 이유 설명)
　　　　(네, 하지만 오늘은 버스였어요[버스를 탔어요].)
　　阿部 : それで遅刻だったんですね。(납득)
　　　　(그래서 지각이었군요[지각을 한 것이군요].)
　　朴 　: どうもすみません。
　　　　(대단히 죄송합니다.)

(8) [~ですけど　~입니다만(접속조사)

■~けど :「~けれども」「けれど」의 준말 ;「~만」,「~인데」
　　　　(스스럼없는 사이의 회화체)
　　　　「~が」와 마찬가지로 용언에 접속, 역접·대비·화제 제시

[예] わたしは学生です。 + 彼は事務員です。
　→わたしは学生ですけど、彼は事務員です。
　　(저는 학생입니다만, 그는 사무원입니다.)

　こちらが山田さんです。 + 山田さんは学生ではありません。
　→こちらが山田さんですけど、彼は学生じゃありません。
　　(이 쪽이 야마다씨입니다만, 그는 학생이 아닙니다.)

　わたしがこの会社の社長です。 + わたしは決定権がありません。
　→わたしがこの会社の社長ですけど、決定権がありません。
　　(제가 이 회사의 사장입니다만, 결정권이 없습니다.)

(9) [渋滞の]ほう　[정체] 쪽(형식명사)

■~ほう : ~쪽, ~편
　　명사＋の＋ほう(명사 쪽),
　　형용사·형용동사 연체형 ＋ ほう(~한 편이다)

[예] A : 電話のほうはどうですか。
　　　(전화 쪽은 어떻습니까?)
　　B : ずっと不通のままです。
　　　(계속 불통인 채 입니다.)

　　A : 社長のほうから連絡はありましたか。
　　　(사장님 쪽에서 연락은 있었습니까?)
　　B : いいえ、ありません。
　　　(아니오, 없습니다.)

(10) [一時間]も [한시간]이나

■수량＋も : ~이나(의외로 많음)
[예] 今日で三日間もずっと雨です。
(오늘로 삼일간이나 계속 비입니다.)
入試まではまだ三週間も時間があります。
(입시까지는 아직 3주일이나 시간이 있습니다.)

※뒤에 부정표현이 오면「전혀」의 의미
[예] 教室の中には一人もいません。
(교실 안에는 한 명도 없습니다.)
残りは一つもありません。
(남은 것은 하나도 없습니다.)

(11) [最近]体調はどうですか [요즈음] 건강은 어떠십니까?

■상대방의 안부를 묻는 표현
[예] 最近、いかがですか。(요즈음 어떠십니까?)
お元気ですか。(잘 지내십니까?)
体の具合はどうですか。(몸 상태는 어떻습니까?)

■그에 대한 대답
[예] おかげさまで。(덕분에요.)
あいかわらずです。(변함없습니다.)
元気です。(잘 지냅니다.)

(12) ここ二三日間   요 2, 3일 간

■ここ + 시간   요 ~동안
[예] ここ二三時間の勉強で合格は無理ですね。
(요 두 세시간의 공부로 합격은 무리지요.)

ここ数日間はずっと雨でした。

(요 며칠간 계속 비였습니다[비가 왔습니다].)

ここ一時間は図書館でした。

(요 한 시간은 도서관이었습니다[도서관에 있었습니다].)

(13) どうも

①どうもありがとう(고마워요) / どうもすみません(미안해요)의 축약

②구체적인 의미 없이 그냥 가벼운 인사말로 쓰임

[예] やあ、どうも。(어~, 잘 지내지?)

先日はどうも。(지난번에는 실례 많았어요[감사했어요].)

〈新しい単語〉

デパート(백화점)	買い物(かいもの ; 쇼핑)
勉強(べんきょう ; 공부)	飛行機(ひこうき ; 비행기)
最後(さいご ; 마지막)	怪我(けが ; 부상, 상처)
授業(じゅぎょう ; 수업)	映画(えいが ; 영화)
上映(じょうえい ; 상영)	仕事(しごと ; 일)
未来(みらい ; 미래)	旅行(りょこう ; 여행)
ラーメン(라면)	資料室(しりょうしつ ; 자료실)
犯人(はんにん ; 범인)	学生食堂(がくせいしょくどう ; 학생식당)
公園(こうえん ; 공원)	まだ(아직)
決定権(けっていけん ; 결정권)	不通(ふつう ; 불통)
連絡(れんらく ; 연락)	体調(たいちょう ; 몸상태)
具合(ぐあい ; 몸상태, 컨디션)	入試(にゅうし ; 입시)
三週間(さんしゅうかん ; 3주일)	残(のこ)り(남은 것, 나머지)
合格(ごうかく ; 합격)	無理(むり ; 무리)

발 음 연 습(発音の練習) 5

I ① だ　　　　　だあ
　　② ぢ　　じ　　ぢい
　　③ づ　　ず　　づう
　　④ で　　　　　でえ　　でい
　　⑤ ど　　　　　どお　　どう

II ① だいく　　　（ 大工 ： 목수 ）
　　② はなぢ　　　（ 鼻血 ： 코피 ）
　　③ こづつみ　　（ 小包 ： 소포 ）
　　④ でかど　　　（ 出方 ： 대처방법 ）
　　⑤ どろぼう　　（ 泥棒 ： 도둑 ）

III ① だいち　　　（ 大地 ： 대지 ）
　　　 たいち　　　（ 対置 ： 대치 ）
　　② てんき　　　（ 天気 ： 날씨 ）
　　　 でんき　　　（ 電気 ： 전기 ）
　　③ いど　　　　（ 井戸 ： 우물 ）
　　　 いと　　　　（ 意図 ： 의도 ）

IV ① あんぜん(安全)がだいいち(第一)です。
　　② でけえなあ。
　　③ どうぞ。
　　④ どうも。

V   だ ぢ づ で ど

〈練習問題〉

1. 다음 ( ) 안에 적당한 말을 넣으시오.

①山田さんはソウル（　　　）何年目ですか。
　→今月（　　　）一年（　　　）です。
②風邪の（　　　）はどうですか。
③昨日はひどい雨（　　　）んです。
④一週間も風邪（　　　）大変（　　　）た。
⑤お気の毒（　　　）。お大事（　　　）。

2. 다음을 한자로 쓰고 그 읽는 법을 ひらがな로 쓰시오.

①지각
②학생시절
③시기
④고장
⑤1개월
⑥최근

3. 다음 한국어를 일본어로 옮기시오.

①일본에서의 한달간은 어땠습니까?

②왜 그사람은 3년간이나 혼자 살았습니까?

③사고로 힘들었습니다.

④요즈음 건강은 어떠십니까?

⑤이 사람이 두 번째 입니다.

◆日本の住居(일본의 주거)

不動産(屋) 부동산

アパート	マンション	一戸建て	団地
아파트	맨션	단독주택	단지

屋根	天井	柱	床	壁
지붕	천장	기둥	마루	벽

雨戸	玄関	廊下	階段
덧문	현관	복도	계단

寝室	居間	リビング	台所
침실	거실	리빙룸	부엌

浴室	バスルーム	トイレ
침실	욕실	화장실

塀	垣	庭	駐車場
담(울타리)		정원	주차장

家賃	敷金	礼金	保証人
집세	보증금	사례금	보증인

水道	電気	ガス
수도	전기	가스

제 6 과

ぼくのです

§ 학습목표

① 일본어 형용사의 특징 이해 및 활용형 학습
② 소유의 「の」 용법의 이해
③ 부정의문문의 이해

◆ 포인트문형 ◆

1. 赤(あか)いかばんはどなたのですか。
2. 黄色(きいろ)い傘(かさ)はぼくのではありません。
3. 一(ひと)つはわたしので、もう一つはわたしのではありません。
4. あれじゃありませんか。

▌본문회화

〈ぼくのです〉

朴　　：その赤いかばんはどなたのですか。
山田　：マリアさんのです。
朴　　：では、山田さんのはどれですか。
山田　：あれです。あの黒いの。
朴　　：あの傘も山田さんのですか。
山田　：いいえ、あれはぼくのではありません。

朴　　：ここにパンが三つありますが、
　　　　全部山田さんのですか。
山田　：いいえ、二つはぼくので、
　　　　あと一つはマリアさんのです。

山田　：ここにわたしの傘ありませんか。
朴　　：忘れ物ですか。
山田　：ええ。黄色いのですが。
朴　　：あれじゃありませんか。
山田　：あ、あれです。どうも。
朴　　：いいえ、どういたしまして。

山田　：教室の中になにがありますか。
朴　　：学生用のつくえや椅子などがあります。

山田　：テレビはありませんか。

朴　　：はい、共用のが一台あります。

山田　：電話もありますか。

朴　　：いいえ、電話は教室の中にはありません。
　　　　もちろん、携帯電話の使用も禁止です。

山田　：え？　休みの時も使用禁止ですか。

朴　　：ええ、教室の中では絶対だめです。

〈본문해석〉

〈제 것입니다〉

박시호 : 그 빨간 가방은 누구 것입니까?
야마다 : 마리아씨 것입니다.
박시호 : 그러면, 야마다씨 것은 어느 것입니까?
야마다 : 저것입니다. 저 까만 것(이요).
박시호 : 저 우산도 야마다씨 것입니까?
야마다 : 아니오, 저것은 제 것이 아닙니다.

박시호 : 여기에 빵이 세 개 있습니다만, 전부 야마다씨 것입니까?
야마다 : 아니오, 두 개는 제 것이고, 나머지 하나는 마리아씨 것입니다.

야마다 : 여기 제 우산 없습니까?
박시호 : 분실물입니까?
야마다 : 네, 노란 것입니다만.
박시호 : 저것 아닙니까?
야마다 : 아, 저것입니다. 고맙습니다.
박시호 : 아니오, 천만에요.

야마다 : 교실 안에 무엇이 있습니까?
박시호 : 학생용 책상이랑 의자 등이 있습니다.
야마다 : 텔레비전은 없습니까?
박시호 : 네, 공용이 한 대 있습니다.
야마다 : 전화도 있습니까?
박시호 : 아니오, 전화는 교실 안에는 없습니다.
           물론 휴대폰의 사용도 금지입니다.
야마다 : 네? 쉬는 시간에도 사용금지입니까?
박시호 : 네, 교실 안에서는 절대로 안 됩니다.

◆ 語　彙 ◆

赤い(あかい)	빨갛다, 빨간(형용사)
かばん	가방
では	그러면(=じゃ)
黒い(くろい)	검다, 검은(형용사)
傘(かさ)	우산
パン	빵
三つ(みっつ)	세 개
二つ(ふたつ)	두 개
あと一つ(ひとつ)	나머지 한 개
忘れ物(わすれもの)	분실물
黄色い(きいろい)	노랗다, 노란(형용사)
どういたしまして	천만에요
学生用(がくせいよう)	학생용
つくえ(机)	책상
椅子(いす)	의자
テレビ	텔레비전
共用(きょうよう)	공용
一台(いちだい)	한 대
電話(でんわ)	전화
もちろん	물론
携帯電話(けいたいでんわ)	휴대전화(보통「ケータイ」라고만 함) 최근에는「スマートフォン（スマホ）」
使用(しよう)	사용
禁止(きんし)	금지
休(やす)みの時(とき)	쉬는 시간
絶対(ぜったい)	절대
だめ	(~해서는)안 됨, 할 수 없음, 금지 (기본형 : だめだ ; 형용동사 ; 형용동사는 9과)

◆ 漢字を読んでみよう ◆

■共用(きょうよう)　공용
　①共：共通(きょうつう；공통), 公共(こうきょう；공공)
　②用：用意(ようい；준비), 専用(せんよう；전용)

■電話(でんわ)　전화
　①電：電気(でんき；전기), 漏電(ろうでん；누전)
　②話：話術(わじゅつ；화술), 対話(たいわ；대화)

■禁止(きんし)　금지
　①禁：禁煙(きんえん；금연), 監禁(かんきん；감금)
　②止：止血(しけつ；지혈), 中止(ちゅうし；중지)

■絶対(ぜったい)
　①絶：絶望(ぜつぼう；절망), 根絶(こんぜつ；근절)
　②対：対等(たいとう；대등), 相対(そうたい；상대)

문 형·문 법(文型と文法)

(1) [その]赤い[かばんは]   [그] 빨간 [가방은]

■形容詞

① 일본어 형용사 : 기본형 「~い」

　　　　　　　　사물의 성질·상태(속성형용사), 사람의 감정·감각(감정형용사)

② 속성형용사

　ⅰ 색깔
　[예] 白(しろ)い 희다　　　黒(くろ)い 검다　　　赤(あか)い 빨갛다
　　　青(あお)い 파랗다　　黄色(きいろ)い 노랗다
　　　茶色(ちゃいろ)(갈색),　緑色(みどりいろ)(녹색),　灰色(はいいろ)(회색),　空色(そらいろ)(하늘색),　紺色(こんいろ)(감색)

　ⅱ 맛
　[예] おいしい 맛있다　　　↔　　　まずい 맛없다
　　　塩辛(しおから)い 짜다　　すっぱい 시다　　苦(にが)い 쓰다
　　　甘(あま)い 달다　　　辛(から)い 맵다　　渋(しぶ)い 떫다
　　　甘酸(あまず)っぱい 새콤달콤하다

　ⅲ 온도
　[예] 暑(あつ)い 덥다　　　　　↔　　寒(さむ)い 춥다
　　　熱(あつ)い 뜨겁다　　　　↔　　冷(つめ)たい 차갑다
　　　暖(あたた)かい 따뜻하다　↔　　涼(すず)しい 시원하다
　　　ぬるい 미지근하다

　ⅳ 형상·속성
　[예] 大(おお)きい 크다　　　　↔　　小(ちい)さい 작다
　　　重(おも)い 무겁다　　　　↔　　軽(かる)い 가볍다
　　　長(なが)い 길다　　　　　↔　　短(みじか)い 짧다

広(ひろ)い 넓다	↔	狭(せま)い 좁다
新(あたら)しい 새롭다	↔	古(ふる)い 오래되다
高(たか)い 높다	↔	低(ひく)い 낮다
高(たか)い 비싸다	↔	安(やす)い 싸다
いい/よい 좋다	↔	悪(わる)い 나쁘다
遠(とお)い 멀다	↔	近(ちか)い 가깝다
難(むずか)しい 어렵다	↔	易(やさ)しい 쉽다
多(おお)い 많다	↔	少(すく)ない 적다
厚(あつ)い 두껍다	↔	薄(うす)い 얇다
強(つよ)い 강하다	↔	弱(よわ)い 약하다
美(うつく)しい 아름답다	↔	醜(みにく)い 못생기다
面白(おもしろ)い 재미있다	↔	つまらない 재미없다

③ 감정형용사

[예] 悲(かな)しい 슬프다　　寂(さび)しい 외롭다　　樂(たの)しい 즐겁다
　　嬉(うれ)しい 기쁘다　　苦(くる)しい 괴롭다　　恋(こい)しい 그립다
　　懐(なつ)かしい 그립다　うるさい 시끄럽다　　悔(くや)しい 분하다
　　惜(お)しい 아깝다　　　もったいない 아깝다　痛(いた)い 아프다
　　辛(つら)い 힘들다　　　怖(こわ)い 무섭다　　恐(おそ)ろしい 두렵다

④ 형용사의 종지형과 연체형

基本形(기본형)	終止形(종지형)	連体形(연체형)
赤(あか)い (빨갛다)	傘(かさ)が赤い。 (우산이 빨갛다)	赤いかさ (빨간 우산)
重(おも)い (무겁다)	かばんが重い。 (가방이 무겁다)	重いかばん (무거운 가방)
面白(おもしろ)い (재미있다)	映画(えいが)が面白い (영화가 재미있다)	面白い映画 (재미있는 영화)
悲(かな)しい (슬프다)	歌(うた)が悲しい (노래가 슬프다)	悲しい歌 (슬픈 노래)

⑤ 형용사의 정중형(丁重形)

　　기본형(「~い」) + です

[예] わたしの傘は赤いです。

　　　(제 우산은 빨갛습니다.)

　　わたしのかばんはいつも重いです。

　　　(제 가방은 언제나 무겁습니다.)

　　彼の話は面白いです。

　　　(그 사람의 이야기는 재미있습니다.)

　　あの歌はいつも悲しいです。

　　　(그 노래는 언제나 슬픕니다.)

　　わたしは今とてもうれしいです。

　　　(저는 지금 매우 기쁩니다.)

(2) [どなた]の[ですか] [누구]의 것 [입니까]

■ ~の : ~의 것; 소유물

[예] A : これはだれの本ですか。(=この本はだれのですか)

　　　(이것은 누구 책입니까?)

　　B : それは山田さんの本です。(=その本[=それ]は田中さんのです。)

　　　(그것은 야마다씨의 책입니다.)

　　A : これも山田さんの傘ですか。(=この傘は田中さんのですか。)

　　　(이것도 야마다씨의 우산입니까?)

　　B : いいえ、わたしの傘では[=じゃ]ありません。

　　　(=いいえ、わたしのでは[=じゃ]ありません。)

　　　(아니오, 제 우산이 아닙니다.)

(3) [黒い]の [검은] 것

　■형용사 연체형(=기본형) + の　~한 것, ~인 것

　[예] 映画はやはり面白いのがいい。

　　　(영화는 역시 재미있는 것이 좋다.)

　　　この店にはおいしいのはありますが、安いのはありません。

　　　(이 가게에는 맛있는 것은 있지만, 싼 것은 없습니다.)

　　　A : この厚い本は山田さんのですか。

　　　　　(이 두꺼운 책은 야마다씨 것입니까?)

　　　B : いいえ、わたしのは薄いのです。

　　　　　(아니오, 제 것은 얇은 것입니다.)

(4) あと一つはマリアさんのです] 나머지 하나[는 마리아씨 것입니다]

　■あと+수량　나머지 ~, 이제, 앞으로

　[예] 試験まであと一時間です。

　　　(시험까지 이제 한 시간입니다.)

　　　あと10分で試合終了です。

　　　(나머지 10분으로 시합 종료입니다.)

　　　あと三つでちょうど100個です。

　　　(나머지 세 개로 딱 100개입니다.)

　　　あと三日で締め切りです。

　　　(앞으로 삼일이면 마감입니다.)

■시간(초, 분, 시)

秒	읽기	分	읽기	時	읽기
0秒	れいびょう(零)	0分	れいふん	0時	れいじ
1秒	いちびょう	1分	いっぷん	1時	いちじ
2秒	にびょう	2分	にふん	2時	にじ
3秒	さんびょう	3分	さんぷん	3時	さんじ
4秒	**よんびょう**	4分	**よんぷん**	4時	**よじ**
5秒	ごびょう	5分	ごふん	5時	ごじ
6秒	ろくびょう	6分	ろっぷん	6時	ろくじ
7秒	なな[しち]びょう	7分	なな[しち]ふん	7時	**しちじ**
8秒	はちびょう	8分	はっぷん	8時	はちじ
9秒	きゅうびょう	9分	きゅうふん	9時	**くじ**
10秒	じゅうびょう	10分	じっ[じゅっ]ぷん	10時	じゅうじ
何秒	なんびょう	何分	なんぷん	何時	なんじ

(5) 부정의문문(否定疑問文)

긍정의문문에 비해 완곡한 표현, 불확실성(「~ね」와 비교)

[예] A : ここにわたしの傘、ありますか。

　　　(여기 제 우산 있습니까?)
　　=ここにわたしの傘、ありませんか。
　　　(여기 제 우산 없습니까?)
　　=ここにわたしの傘、ありますね。(확신)
　　　(여기 제 우산 있지요?)

B : あれですか。

　　　(저것입니까?)
　　=あれじゃ[=では]ありませんか[=ないですか]。
　　　(저것 아닙니까?)
　　=あれですね。
　　　(저것이지요?)

(6) [学生]用　학생용 (=むけ)

[예] 先生用(せんせいよう；선생님용)　　初心者用(しょしんしゃよう；초심자용)

専門家用(せんもんかよう；전문가용)　　家庭用(かていよう；가정용)

学習用(がくしゅうよう；학습용)　　独学用(どくがくよう；독학용)

cf. 子供向けの映画(아이들용 영화)　　成人向けのマンガ(성인용 만화)

(7) もちろん　물론

[예] わたしはもちろん、彼も学生です。

(저는 물론이고 그 사람도 학생입니다.)

ここはもちろん、あそこも危ないです。

(여기는 물론이고 저기도 위험합니다.)

A : このパンもおいしいですか。

(이 빵도 맛있습니까?)

B : もちろんです。(=もちろんおいしいです。)

(물론입니다.)

A : 学園祭の時も授業はありますか。

(학교축제 때도 수업은 있습니까?)

B : もちろんです。(もちろんあります。)

(물론입니다.)

(8) [絶対]だめ[です]　[절대] 안돼(요)

① 금지

[예] 砂遊びはだめ。

(모래장난은 안 된다[안돼].)

試験中に雑談はだめです。

(시험중에 잡담은 안 됩니다.)

② 불가능

[예] これぐらいの練習量ではだめです。

(이 정도의 연습량으로는 안 됩니다.)

歌のほうは全然だめです。

(노래 쪽은 전혀 못합니다.)

〈新しい単語〉

話(はなし ; 이야기)　　　　　　　歌(うた ; 노래)
試験(しけん ; 시험=テスト)　　　締(し)め切(き)り(마감)(=〆切)
試合(しあい ; 시합)　　　　　　　終了(しゅうりょう ; 종료)
ちょうど(딱, 꼭)　　　　　　　　学園祭(がくえんさい ; 학교축제)
練習量(れんしゅうりょう ; 연습량)　砂遊び(すなあそび ; 모래장난)
試験中(しけんちゅう ; 시험중)　　雑談(ざつだん ; 잡담)
全然(ぜんぜん ; 전혀)

발 음 연 습(発音の練習) 6

Ⅰ　① な　　　　　なあ
　　② に　　　　　にい
　　③ ぬ　　　　　ぬう
　　④ ね　　　　　ねえ　　　ねい
　　⑤ の　　　　　のお　　　のう

Ⅱ　① なないろ　　　（ 七色 ： 일곱 색깔 ）
　　② おもに　　　　（ 重荷 ： 무거운 짐 ）
　　③ ぬれぎぬ　　　（ 濡衣 ： 누명 ）
　　④ ねぐせ　　　　（ 寝癖 ： 잠버릇 ）
　　⑤ のりまき　　　（ 海苔巻き ： 김초밥 ）

Ⅲ　① しない　　　　（ 市内 ： 시내 ）
　　　 しだい　　　　（ 次第 ： 순서 ）
　　② かない　　　　（ 家内 ： 집사람 ）
　　　 かだい　　　　（ 課題 ： 과제 ）
　　③ ねつ　　　　　（ 熱 ： 열 ）
　　　 れつ　　　　　（ 列 ： 줄 ）

Ⅳ　① おなかがいたいです。
　　② なかなかいいです。
　　③ おにい(兄)さんはおに(鬼)です。
　　④ にんにくはにくりょうり(肉料理)にいいです。

Ⅴ　な に ぬ ね の

〈練習問題〉

1. 다음 형용사의 기본형을 한자로 쓰고 그 읽는 법을 ひらがな로 쓰시오.

①빨갛다　　　　　　②하얗다
③맛있다　　　　　　④덥다
⑤크다　　　　　　　⑥무겁다
⑦넓다　　　　　　　⑧비싸다
⑨슬프다　　　　　　⑩시끄럽다
⑪재미있다　　　　　⑫작다

2. 다음을 한자로 쓰고 그 읽는 법을 ひらがな로 쓰시오.

①사용
②공용
③회화
④중지
⑤절대
⑥대립

3. 다음 한국어를 일본어로 옮기시오.

①이 빨간 가방은 제 것이 아닙니다.

②교실 안에 전화는 한 대도 없습니다.

③큰 교실에는 텔레비젼이 세 대나 있습니다.

④이 책은 물론이고 저 책도 재미있습니다.

⑤물론 흰 우산은 제 것입니다.

◆ 文房具(ぶんぼうぐ)(문방구)

鉛筆	ボールペン	万年筆	シャープペンシル
연필	볼펜	만년필	샤프

蛍光ペン	マジックペン
형광펜	매직펜

黒板	黒板消し	チョーク	消ゴム
칠판	칠판지우개	분필	지우개

筆箱	ペンケース	修正テープ[液]
필통		수정테이프[액]

定規	物差し	はさみ	カッターナイフ
자		가위	커터칼

제 7 과

駅から近いです

§ 학습목표

① 형용사 활용형의 심화 학습
② 「どこか」「なにか」 등의 용법 습득
③ 「~から」표현 습득
④ 「명사+なんか」표현 학습

◆ 포인트문형 ◆

1. A：パクさんの部屋は広いですか。
   B：いいえ、広くありません。
2. 駅から近くありません。
3. どこか面白いところはありませんか。
4. 映画なんかどうですか。

▌본문회화

〈駅から近いです〉

朴　　：山田さん、引っ越しのほうはどうでしたか。

山田　：おかげさまで。

朴　　：部屋はどうですか。

山田　：なにがですか。

朴　　：広いですか。

山田　：いいえ、広くはありません。狭いです。

朴　　：家賃は安いですか。

山田　：いいえ、安くありません。ちょっと高いほうです。

朴　　：じゃ、なぜ。

山田　：ただ、駅から近いです。

朴　　：あ、そうでしたか。

山田　：学生食堂はもうたくさんですね。

朴　　：まったく同感です。

山田　：どこかおいしい食堂はありませんか。

朴　　：ちょっと遠いですが。

山田　：近くにはありませんか。

朴　　：さあ。

山田　：今日は久しぶりにいい天気ですね。

朴　　：ほんとうにそうですね。

山田　：なにか面白い映画はありませんか。

朴　　：え？　こんなに天気のいい日に映画ですか。

山田　：それもそうですね。

朴　　：公園なんかどうですか。
　　　　近くにすばらしい公園がありますが。

〈본문해석〉

〈역에서 가깝습니다〉

박시호 : 야마다씨, 이사는 어땠습니까?
야마다 : 덕분에요(잘 끝났습니다).
박시호 : 방은 어떻습니까?
야마다 : 뭐가요?
박시호 : 넓습니까?
야마다 : 아니오, 넓지는 않습니다. 좁습니다.
박시호 : 집값은 쌉니까?
야마다 : 아니오, 싸지 않습니다. 좀 비싼 편입니다.
박시호 : 그럼, 왜(요)?
야마다 : 단지, 역에서 가까워요.
박시호 : 아, 그랬습니까[그래서요]?

야마다 : 학생식당은 이제 질리네요.
박시호 : 정말[완전히] 동감입니다.
야마다 : 어디 맛있는 식당은 없습니까?
박시호 : 좀 먼데요.
야마다 : 가까이에는 없습니까?
박시호 : 글쎄요.

야마다 : 오늘은 오래간만에 좋은 날씨군요.
박시호 : 정말 그렇군요.
야마다 : 무언가 재미있는 영화는 없습니까?
박시호 : 네? 이렇게 날씨 좋은 날에 영화입니까[영화를 본다구요]?
야마다 : 그도 그렇군요.
박시호 : 공원 같은데는 어떠신가요? 가까이에 멋있는 공원이 있습니다만.

◆ 語 彙 ◆

引(ひ)っ越(こ)し	이사
どうでしたか	어떠셨어요? (どうですか의 과거형)
おかげさまで	덕분에요;인사차로도 [~のおかげで]
部屋(へや)	방
なにがですか	뭐가요? 뭐 말입니까?
広い(ひろい)	넓다
狭い(せまい)	좁다
家賃(やちん)	방값 (我家;わがや우리집, 家主;やぬし집주인)
安い(やすい)	싸다
高い(たかい)	비싸다
駅(えき)	역
~から	~(장소)에서(부터)
ただ	단지, 다만
もうたくさん	이제 질렸다, 이미 충분하다
まったく	완전히, 정말, 전혀
同感(どうかん)	동감
どこか	어딘가(의문사＋か)
	だれか, いつか, なにか, だれか, どうか
	누군가, 언젠가, 무언가, 누군가, 어떤가
おいしい	맛있다(↔まずい)
遠い(とおい)	멀다(=近い)
近(ちか)く	가까이, 근처(연체사)
今日(きょう)	오늘
久(ひさ)しぶりに	오래간만에(ひさしい＋ぶり＋に)
	cf. お久しぶりです
いい	좋다
天気(てんき)	날씨

ほんとう(本当)に	정말로
なにか	무언가
面白い(おもしろい)	재미있다
映画(えいが)	영화
こんなに	이렇게(そんなに, あんなに, どんなに)
日(ひ)	날(子供の日 ; 어린이날)
それも	그것도
公園(こうえん)	공원
~なんか	~같은 것, ~따위
すばらしい	훌륭하다, 멋있다

◆ 漢字を読んでみよう ◆

■同感(どうかん)
　①同 : 同窓会(どうそうかい ; 동창회), 一同(いちどう ; 일동)
　②感 : 感動(かんどう ; 감동), 敏感(びんかん ; 민감)

■天気(てんき)　천기(날씨)
　①天 : 天使(てんし ; 천사), 晴天(せいてん ; 청천, 맑은 날씨)
　②気 : 気分(きぶん ; 기분), 空気(くうき ; 공기) cf. 気配(けはい ; 기미, 낌새)

■映画(えいが)　영화
　①映 : 映像(えいぞう ; 영상), 放映(ほうえい ; 방영)
　②画 : 画家(がか ; 화가), 絵画(かいが ; 회화)

■公園(こうえん)　공원
　①公 : 公務員(こうむいん ; 공무원),
　　　　貴公(きこう ; 귀공(남자의 동년배나 손아랫사람에 대한 호칭)
　②園 : 園児(えんじ ; 원아), 動物園(どうぶつえん ; 동물원)

문 형·문 법(文型と文法)

(1) 引っ越しのほう(이사 쪽) / [ちょっと]高いほうです [좀]비싼 편입니다

　■ ~ほう(方)

　　① 명사＋の＋ほう　[명사] 쪽

　　[예] この店はラーメンのほうがおいしいです。

　　　　(이 가게는 라면 쪽이 맛있습니다.)

　　　　かなりひどい渋滞ですね。やはり電車のほうがいいですね。

　　　　(꽤 심한 정체군요. 역시 전철 쪽이 좋겠네요.)

　　　　答案は鉛筆のほうでお願いします。

　　　　(답안은 연필 쪽으로 부탁합니다.)

　　② 형용사기본형＋ほう　~편(다른것과 비교하여. より[~보다]와 병용)

　　[예] バスより電車のほうが速いです。

　　　　(버스 보다 전철 쪽이 빠릅니다.)
　　　　(＝電車はバスより速いほうです。)
　　　　(전철은 버스보다 빠른 편입니다.)

　　　　この店は値段のほうが売り物です。

　　　　(이 가게는 가격 쪽이 자랑거리입니다.)
　　　　(＝この店は他の店より値段が安いほうです。)
　　　　(이 가게는 다른 가게보다 가격이 싼 편입니다.)

(2) 広くはありません　넓지는 않습니다 / 安くありません　싸지 않습니다

　■형용사부정

　　~い　　　　　　　→　く＋ない

125

[예] 白(しろ)い 희다 → 白くない
　　おいしい 맛있다 → おいしくない = まずい 맛없다
　　暑(あつ)い 덥다 → 暑くない = 涼(すず)しい 시원하다
　　寒(さむ)い 춥다 → 寒くない = 暖(あたた)かい 따뜻하다
　　大(おお)きい 크다 → 大きくない = 小(ちい)さい 작다
　　重(おも)い 무겁다 → 重くない = 軽(かる)い 가볍다
　　長(なが)い 길다 → 長くない = 短(みじか)い 짧다
　　広(ひろ)い 넓다 → 広くない = 狭(せま)い 좁다
　　多(おお)い 많다 → 多くない = 少(すく)ない 적다
　　うるさい 시끄럽다 → うるさくない = 静(しず)かだ 조용하다

■형용사 부정형의 정중표현

보통체		정중체	
긍정	부정	긍정	부정
おいしい	おいしくない	おいしいです	おいしくありません おいしくないです
大(おお)きい	大きくない	大きいです	おおきくありません おおきくないです
少(すく)ない	少(すく)なくない	少(すく)ないです	すくなくありません すくなくないです
いい よい	いくない(×) よくない	いいです よいです(×)	よくありません よくないです

(3) ちょっと 좀, 약간, 잠깐

① 좀

[예] ちょっと高(たか)いほうです。

　　(좀 비싼 편입니다.)

　　これはちょっとおかしいですね。

　　(이것은 좀 이상하군요.)

　　このかばんはちょっと重(おも)いです。

　　(이 가방은 좀 무겁습니다.)

126

② 좀, 잠시(시간적 의미)

[예] あのう、ちょっといいですか。

(저 잠시 괜찮습니까?)

あのう、ちょっとすみません。

(저 잠시 실례합니다.)

彼はちょっと遅いですね。

(그 사람은 좀 늦는군요.)

(4) ちょっと / 少(すこ)し / 少々(しょうしょう)   조금, 약간

■정중도 : ちょっと 〈 少(すこ)し 〈 少々

[예] この部屋は ちょっと/すこし/少々 高いですね。

(이 방은 좀 비싸군요.)

先生のかばんは ちょっと/すこし/少々 重いです。

(선생님 가방은 좀 무겁습니다.)

※ 잠시(시간적 의미)의 경우 少し·少々를 사용하면 의미가 변하거나 사용불가인 것이 있다.

[예] あのう、ちょっと/すこし(?)/少々(×) いいですか。

あのう、ちょっと/すこし(×)/少々(×) すみません。

(5) [駅]から   [역]에서(~로부터)   기점, 출발점(시간/장소)

　　　　　보통「~まで」와 병용

① 시간

[예] 試験は午後3時からです。(=午後3時から試験です)

(시험은 오후 세 시부터입니다.)

今日は午後一時から授業があります。

(오늘은 오후 한 시부터 수업이 있습니다.)

②장소

[예] 東京から大阪までは新幹線のほうが一番速いです。

(동경에서 오사카까지는 신칸센 쪽이 가장 빠릅니다.)

家から学校までは30分ぐらいです。

(집에서 학교까지는 30분 정도입니다.)

(6) もうたくさん　충분하다, 질렸다

= もういいです。

= もう結構です

= もう十分です。

[예] A : 彼のあの話はもうたくさんですね。

(그사람의 그 이야기는 질렸지요.)

B : ええ、今日で10回目です。

(네, 오늘로 열 번째입니다.)

A : コーヒーのお代わりはいかがですか。

(커피 리필은 어떠십니까?)

B : もう結構です。(=もう十分/いいです。)

(괜찮습니다.)

(7) どこか　어딘가 / なにか　무언가(どこが/なにが와의 비교)

[예] A : どこかおいしい食堂はありませんか。

(어디 맛있는 식당은 없습니까?)

B : はい、あります。

(네, 있습니다.)

A : どこがおいしいですか。

(어디가 맛있습니까?)

B : 駅のすぐ近くの店です。

　　(역 바로 근처의 가게입니다.)

A : 教室の中になにかありますか。

　　(교실 안에 무언가 있습니까?)

B : はい、あります。

　　(네, 있습니다.)

A : なにがありますか。

　　(무엇이 있습니까?)

B : 黄色い傘があります。

　　(노란 우산이 있습니다.)

■ だれか(누군가) / いつか(언젠가) / なぜか(왠지)

[예] この中のだれかが真犯人です。

　　(이 안에 누군가가 진범입니다.)

いつか必ず。

(언젠가 반드시.)

今回の試合にはなぜか自信があります。

(이번 시합에는 왠지 자신이 있습니다.)

(8) 今日(きょう) 오늘

의미	날	訓読	音読
그저께	一昨日	おととい	いっさくじつ
어제	昨日	きのう	さくじつ
오늘(날)	今日 本日	きょう	こんにち ほんじつ
내일	明日	あした あす	みょうにち
모레	明後日	あさって	みょうごにち
매일	毎日		まいにち
이튿날	翌日	(次の日)	よくじつ
일전에	先日	(この間)	せんじつ

(9) こんなに 이렇게

■ こんな・そんな・あんな・どんな

말하는 이와 듣는 이 간의 거리(위치) 관계에 의한 분류

근칭(近称)	중칭(中称)	원칭(遠称)	부정칭(不定称)
こんな(이런)	そんな(그런)	あんな(저런)	どんな(어떤)

※ こ・そ・あ・ど 계열

[예] こんな本はあまり人気がありません。

(이런 책은 그다지 인기가 없습니다.)

そんな難しい問題ははじめてです。

(그런 어려운 문제는 처음입니다.)

彼はあんな人間だったんですか。

(그 사람은 그런 인간이었던 겁니까?)

どんな人がいいですか。

(어떤 사람이 좋습니까?)

■ こんなに・そんなに・あんなに 이렇게, 그렇게, 저렇게

[예] A : こんなにおいしいお好み焼きははじめてです。

(이렇게 맛있는 오코노미야키는 처음입니다.)

B : へえ、そんなにおいしいですか。

(허, 그렇게 맛있습니까?)

A : 彼はそんなに悪い人ではありません。

(그 사람은 그렇게 나쁜 사람이 아닙니다.)

B : でも、わたしは嫌いです。

(하지만 저는 싫습니다.)

A : あんなにつまらない映画ははじめてでした。

(그렇게 재미없는 영화는 처음이었습니다.)

B : いったいどんな映画だったんですか。
  (도대체 어떤 영화였던 겁니까?)

(10) [公園]なんかどうですか」 [공원]같은 데 [어떻습니까?]

① 회화체에서 여러 가지 사물중에서 특히 어느 하나만을 예로 제시하거나, 그것을 확실히 언급하지 않으려고 할 때.(~같은 것, ~따위)

[예] これなんかどうですか。(=これはどうですか。)
  (이런 건 어떠신가요?)
  わたしはタバコなんかだめです。
  (저는 담배 같은 건 못합니다.)

  A : お土産はなにがいいですか。
    (선물은 무엇이 좋습니까?)
  B : お酒なんかどうですか。
    (술 같은 건 어떻습니까?)

② 경멸, 불쾌감(그것이 대단하지 않다)

[예] 彼の出演の映画なんか全然面白くないです。
  (그 사람(이) 출연(하는) 영화따위(는) 전혀 재미있지 않습니다.)
  野球なんかつまらない。やっぱりサッカーですね。
  (야구 따위 재미없어. 역시 축구지요.)

〈新しい単語〉

答案(とうあん ; 답안)　　　　　　値段(ねだん ; 가격)
売り物(うりもの ; 파는 물건 → 자랑거리, 장점)
お代(か)わり(추가, 리필)　　　　人気(にんき ; 인기)　はじめて(처음)
人間(にんげん ; 인간)　　　　　　いったい(도대체)
お土産(みやげ ; 선물)　　　　　　出演(しゅつえん ; 출연)
野球(やきゅう ; 야구)　　　　　　サッカー(싸커, 축구)

발 음 연 습 (発音の練習) 7

I　① は　　　　はあ
　　② ひ　　　　ひい
　　③ ふ　　　　ふう
　　④ へ　　　　へえ　　　　　へい
　　⑤ ほ　　　　ほお　　　　　ほう

II　① はは　　　　（ 母　：어머니 ）
　　② ひこうき　　（ 飛行機：비행기 ）
　　③ ふね　　　　（ 船　：배 ）
　　④ へそ　　　　（ 臍　：배꼽 ）
　　⑤ ほし　　　　（ 星　：별 ）

III　① かいひ　　　（ 会費：회비 ）
　　　かいし　　　（ 開始：개시 ）
　　② ひこく　　　（ 被告：피고 ）
　　　しこく　　　（ 四国：시코쿠 ）
　　③ ひがん　　　（ 悲願：비원 ）
　　　しがん　　　（ 志願：지원 ）
　　④ じひつ　　　（ 自筆：자필 ）
　　　じしつ　　　（ 地質：지질 ）
　　⑤ じつじ　　　（ 実字：실자 ）
　　　ひつじ　　　（ 羊　：양 ）

IV　① これははがき(葉書)です。
　　② あれはバラのはな(花)です。
　　③ かのじょ(彼女)はいつもはで(派手)です。

V　は　ひ　ふ　へ　ほ

〈練習問題〉

1. 다음 형용사를 부정형의 정중표현으로 바꾸시오.

①빨갛다　　　　　　　②하얗다
③맛있다　　　　　　　④덥다
⑤크다　　　　　　　　⑥무겁다
⑦넓다　　　　　　　　⑧비싸다
⑨슬프다　　　　　　　⑩시끄럽다
⑪재미있다　　　　　　⑫작다

2. 다음을 한자로 쓰고 그 읽는 법을 ひらがな로 쓰시오.

①방　　　　　　　　　②역
③영화　　　　　　　　④동감
⑤감사　　　　　　　　⑥날씨
⑦기분　　　　　　　　⑧화면
⑨공익　　　　　　　　⑩문제

3. 다음 한국어를 일본어로 옮기시오.

①방은 넓은 편입니까?

②오래간만에 학생식당은 어떻습니까?

③무언가 슬픈 영화는 없습니까?

④내 방은 역에서 그렇게 멀지 않습니다.

⑤교실 안에 누군가 있습니까?

◆日本の交通(일본의 교통)

バス	高速バス	夜行バス	観光バス
버스	고속버스	야행버스	관광버스
電車	列車	新幹線	
전철	열차	신칸센	
モノレール	ロープウェー	ケーブルカー	
모노레일	로프웨이	케이블카	
船	貨物船	旅客船	潜水艦
배	화물선	여객선	잠수함
飛行機	旅客機	ヘリコプター	宇宙船
비행기	여객기	헬리콥터	우주선
オートバイ[バイク]	自転車	徒歩	
오토바이	자전거	도보	

제 8 과

面白かったです
(おもしろ)

§ 학습목표

① 형용사 활용형의 심화 학습
② 형용사의 전성명사화
③ 「~로 하겠습니다」 표현의 학습

◆ 포인트문형 ◆

1. A : 昨日の映画は面白かったですか。

   B : いいえ、面白くありませんでした。

2. 暖かくていい天気です。

3. それは楽しみですね。

4. 学生食堂にします。

▎본문회화

〈面白かったです〉

山田　：昨日の映画は本当に面白かったですね。

朴　　：わたしは悲しかったですが。

山田　：どうしてですか。

朴　　：あんなお天気の日に映画だなんてひどいですよ。

　　　　しかも山田さんと二人で。

山田　：それはどういう意味ですか。

朴　　：いや、別に。

山田　：ちょっと寒くありませんか。

朴　　：いや。わたしはちょうど涼しくて、いいですが。

山田　：やはりパクさんは若いですね。

　　　　若かった頃が懐かしいですね。

朴　　：なんですか、急に。

朴　　：明日は休みの日ですね。

　　　　ひさしぶりに動物園はどうですか。

山田　：悪くないですね。

朴　　　：上野公園の動物園にはパンダがいますよね。

マリア　：いる、いる。

山田　　：それは楽しみですね。

　　　　　木村さん、ご一緒にどうですか。

木村　　：いや、ぼくは忙しくて、ちょっと。

朴　　　：そろそろお昼の時間ですね。

山田　　：お昼はどうしますか。

朴　　　：構内食堂にしますか。

山田　　：構内食堂は値段は安いですが、あまりおいしくはないですね。

朴　　　：じゃ、外にしますか。

山田　　：いや、それも時間がなくて。

　　　　　マリアさんはどうしますか。

マリア　：わたしはちょっとお腹が痛くて。

〈본문해석〉

〈재미있었습니다〉

야마다 : 어제 영화는 정말 재미있었지요.
박시호 : 저는 슬펐습니다만.
야마다 : 왜요?
박시호 : 그렇게 날씨 좋은 날에 영화라니 심해요.
　　　　게다가 야마다씨와 둘이서(말이에요).
야마다 : 그거 무슨 의미입니까?
박시호 : 아뇨, 그냥(요).

야마다 : 좀 춥지 않습니까?
박시호 : 아뇨, 저는 딱 시원해서 좋은데요.
야마다 : 역시 박(시호)씨는 젊으시군요. 젊었을 때가 그립네요.
박시호 : 뭡니까[왜 그러세요], 갑자기.

박시호 : 내일은 휴일이지요. 오래간만에 동물원은 어떻습니까?
야마다 : 나쁘지 않군요.
박시호 : 우에노 공원 동물원에는 팬더가 있지요(그렇죠?).
마리아 : 있지, 있지(요).
야마다 : 그거 기대되는군요. 기무라씨, 함께 어떻습니까?
기무라 : 아뇨, 바빠서 좀.

박시호 : 슬슬 점심시간이군요.
야마다 : 점심은 어떻게 하겠습니까?
박시호 : 구내식당으로 하겠습니까?
야마다 : 구내식당은 값은 싸지만, 별로 맛이 없지요.
박시호 : 그럼 밖으로 하겠습니까?
야마다 : 아뇨, 그것도 시간이 없어서. 마리아씨는 어떻게 하겠습니까?
마리아 : 저는 좀 배가 아파서(요).

◆ 語　彙 ◆

昨日(きのう)	어제
面白(おもしろ)かった	재미있었다(おもしろい＋た;과거)
悲(かな)しかった	슬펐다(かなしい＋た;과거)
あんな	그런, 저런
お天気(てんき)の日(ひ)	화창한 날
ひどい	심하다, 너무하다
しかも	게다가
~と	~와, 과
二人(ふたり)で	둘이서
どういう	무슨, 어떠한(＝どんな)
意味(いみ)	의미
寒(さむ)くありません	춥지 않습니다(さむいです의 부정형)
涼(すず)しくて	선선해서, 선선하고(すずしい＋て)
やはり	역시; やっぱり, やっぱし, やっぱ
若い(わかい)	젊다
若(わか)かった	젊었다(わかい＋た;과거)
~頃(ごろ)	~때(時), 즈음
懐(なつ)かしい	그립다(해석이 어려운 경우가 있음)
急(きゅう)に	갑자기
明日(あした)	내일(＝あす;あすの天気です)
動物園(どうぶつえん)	동물원
悪(わる)くない	나쁘지 않다(わるい＋ない)
上野(うえの)公園(こうえん)	우에노 공원
パンダ	팬더
いる	있다(사람, 동물, 곤충의 존재)
楽(たの)しみ	즐거움, 기대
ごいっしょに	함께(ご＋いっしょ＋に)

忙(いそが)しくて	바빠서(いそがしい+て)
そろそろ	슬슬(시간이 다 되어가는 모양)
お昼(ひる)の時間(じかん)	점심시간
どうしますか	어떻게 하겠습니까?(どう+します+か)
構内(こうない)食堂(しょくどう)	구내식당
~にしますか	~로 하겠습니까?
値段(ねだん)	가격
あまり	그다지, 꽤(=あんまり)
外(そと)	밖
なくて	없어서(ない+て)
お腹(なか)	배(남성은 腹(はら))
痛(いた)くて	아파서(いたい+て)

◆ 漢字を読んでみよう ◆

■意味(いみ)　의미
　①意：意志(いし；의지), 決意(けつい；결의)
　②味：味覚(みかく；미각), 賞味期限(しょうみきげん；상미기간：유통기간)

■動物(どうぶつ)　동물
　①動：動作(どうさ；동작), 活動(かつどう；활동)
　②物：物価(ぶっか；물가), 生物(せいぶつ；식물)　cf. 荷物(にもつ；짐)

■構内(こうない)　구내
　①構：構想(こうそう；구상), 機構(きこう；기강)
　②内：内容(ないよう；내용), 案内(あんない；안내)

문 형·문 법(文型と文法)

(1) おもしろかったです 재미있었습니다(과거)

① 형용사 과거형

~い → かった

[예] 白(しろ)い　　희다　　　→　　白かった
　　赤(あか)い　　빨갛다　　→　　赤かった
　　おいしい　　　맛있다　　→　　おいしかった
　　暑(あつ)い　　덥다　　　→　　暑かった
　　大(おお)きい　크다　　　→　　大きかった
　　重(おも)い　　무겁다　　→　　重かった
　　長(なが)い　　길다　　　→　　長かった
　　広(ひろ)い　　넓다　　　→　　広かった
　　嬉(うれ)しい　기쁘다　　→　　嬉しかった
　　悲(かな)しい　슬프다　　→　　悲しかった
　　多(おお)い　　많다　　　→　　多かった
　　うるさい　　　시끄럽다　→　　うるさかった
　　いい/よい　　 좋다　　　→　　よかった(×いかった)

② 형용사 부정형의 과거 (くない → くなかった)

[예] 白(しろ)い　　→　白くない　　　→　白くなかった
　　赤(あか)い　　→　赤くない　　　→　赤くなかった
　　おいしい　　　→　おいしくない　→　おいしくなかった
　　暑(あつ)い　　→　暑くない　　　→　暑くなかった
　　大(おお)きい　→　大きくない　　→　大きくなかった
　　重(おも)い　　→　重くない　　　→　重くなかった
　　長(なが)い　　→　長くない　　　→　長くなかった

広(ひろ)い	→	広くない	→	広くなかった	
嬉(うれ)しい	→	嬉しくない	→	嬉しくない	
悲(かな)しい	→	悲しくない	→	悲しくない	
多(おお)い	→	多くない	→	多くなかった	
うるさい	→	うるさくない	→	うるさくなかった	

③ 형용사 과거형의 정중표현

보통체(과거)		정중체(과거)	
긍정	부정	긍정	부정
おいしかった	おいしくなかった	おいしかったです	おいしくありませんでした おいしくなかったです
大きかった	おおきくなかった	おおきかったです	おおきくありませんでした おおきくなかったです
少なかった	すくなくなかった	すくなかったです	すくなくありませんでした すくなくなかったです
よかった	よくなかった	よかったです	よくありませんでした よくなかったです

※ 명사 과거형의 정중표현과 혼동 주의

[예] 学生(がくせい)です → 学生でした。 → 学生ではありませんでした。

おいしいです。 → おいしかったです。 → おいしくありませんでした。
(×)おいしくなかったでした。

(2) [映画(えいが)]だなんて　[영화]라니

■[명사]だなんて　~라니(의외)

[예] 彼が合格(ごうかく)だなんて、びっくりです。
(그 사람이 합격이라니 놀랐습니다.)
彼女が相手(あいて)だなんて、本当(ほんとう)ですか。

(그녀가 상대라니 정말입니까?)

彼女が二十歳だなんて、ご冗談を。

(그녀가 스무살이라니 농담마세요.)

(3) しかも　게다가, 그위에(첨가)

[예] わたしの部屋は狭いです。しかも家賃も高いです。

(제 방은 좁습니다. 게다가 방값도 비쌉니다.)

先日の渋滞は本当にひどかったです。雨でしたし、しかも前の車が事故でした。

(지난번 정체는 정말 심했습니다. 비였고 게다가 앞차가 사고였습니다.)

わたしは仕事が多い。しかも責任も重い。

(나는 일이 많다. 게다가 책임도 무겁다.)

彼の家には車が三台もあります。しかも、全部外車です。

(그사람 집에는 차가 세 대나 있습니다. 게다가 전부 외제차입니다.)

(4) どういう[意味]　어떠한(무슨) [의미] (=どんな)

[예] いったいどういうことですか。

(도대체 무슨 일입니까?)

こういう(=こんな)処置ではだめです。

(이러한 처치로는 안 됩니다.)

そういう(=そんな)人でしたか。

(그런 사람이었습니까?)

ああいう(=あんな)方法でいいですか。

(저런 방법으로 괜찮습니까?)

どういう(=どんな)方法がいいですか。

(어떤 방법이 좋습니까?)

(5) 涼しくて、いいです / 忙しくて、ちょっと

　　시원해서 좋습니다 / 바빠서 좀

　■형용사 + て

　　① 단순연결(~고)

　　　[예] この食堂はおいしい。+ この食堂は安い。

　　　　→この食堂はおいしくて、この食堂は安い。

　　　　　(이 식당은 맛있고, 싸다.)

　　　　彼は優しい。+ 彼はハンサムだ。

　　　　→彼は優しくて、彼はハンサムだ。

　　　　　(그 사람은 상냥하고 잘생겼다.)

　　② 원인·이유(~어서)

　　　[예] この食堂はおいしい。+ この食堂はいつも人が多い。

　　　　→この食堂はおいしくて、この食堂はいつも人が多い。

　　　　　(이 식당은 맛있어서 언제나 사람이 많다.)

　　　　彼は優しい。+ 彼は女性に人気がある。

　　　　→彼は優しくて、彼は女性に人気がある。

　　　　　(그는 상냥해서 여성들에게 인기가 있다.)

　　③ 양쪽 해석 가능

　　　[예] 日本語は難しくて、面白いです。

　　　　(일본어는 ①어렵고, 재미있다 / ②어려워서 재미있다)

　　　朴　：どこかおいしい店はありませんか。

　　　　　(어디 맛있는 가게는 없습니까?)

　　　山田：あの食堂はどうでしたか。タイ料理の。

　　　　　(그 식당은 어땠습니까? 태국 요리의.)

朴　：あそこはけっこう高かったですが、
　　　そのわりには、あまりおいしくはありませんでした。
　　　(그곳은 꽤 비쌌습니다만, 그에 비하면 그다지 맛있지는
　　　 않았습니다.)
山田：先日の韓国料理はけっこうおいしかったですね。
　　　(지난번 한국요리는 꽤 맛있었지요.)
朴　：山田さん、韓国料理はちょっと辛くありませんか。
　　　(야마다씨, 한국요리는 좀 맵지 않습니까?)
山田：いいえ、辛くておいしかったです。
　　　(아니오, ①맵고, 맛있었어요 / ②매워서 맛있었어요)

(6) やはり

■ やはり/やっぱり/やっぱ/やっぱ 역시, 소문대로, 예상대로

　　　　　　　　　　　　(부정적 의미를 나타내는 경우도 있음)

※「やはり」를 쓰는 위치에 따라 어느 내용을 강조하는가가 달라짐

예 この食堂はやはりおいしいですね。
　(이 식당은 역시 맛있군요.)
　やはりこの食堂はおいしいですね。
　(역시 이 식당은 맛있군요.)

　今回の試験はやはりだめでした。
　(이번 시험은 역시 안되었습니다.)
　やはり今回の試験もだめでした。
　(역시 이번 시험도 안되었습니다.)

　彼はやっぱりうわさ通りでした。
　(그사람은 역시 소문대로였습니다.)
　やっぱり彼はうわさ通りでした。
　(역시 그사람은 소문대로였습니다.)

(7) 楽しみです　기대됩니다

■楽しい(즐겁다) → 楽しみ(기대되다)　형용사의 전성명사(転成名詞)

[예] 旅行は楽しいです。

(여행은 즐겁습니다.)

明日からの旅行が楽しみです。

(내일부터의 여행이 기대됩니다.)

■①深(ふか)い(깊다)　→　深(ふか)さ・深(ふか)み(깊이)
②重(おも)い(무겁다) →　重さ(おも)・重(おも)み(무게)
③強(つよ)い(세다)　 →　強(つよ)さ・強(つよ)み(강함)

①深さ1メートルのプール。

(깊이 1미터의 풀.)

彼の小説には深みがある。

(그의 소설에는 깊이가 있다.)

②重さ1トンの車。

(무게 1톤의 차.)

彼の言葉には重みがある。

(그의 말에는 무게가 있다.)

③韓国サッカーの強さの秘密は強い精神力にある。

(한국 축구의 강함의 비밀은 강한 정신력에 있다.)

韓国サッカーは攻撃力の強さにその強みがある。

(한국 축구는 공격력의 강함에 강점이 있다.)

(8) そろそろ　이제 슬슬(시간이 다 되었음)

[예] そろそろ時間ですね。

(이제 슬슬 (돌아갈) 시간이군요.)

そろそろ失礼します。

(이제 슬슬 실례하겠습니다[실례할 때가 되었군요].)

そろそろ最後ですね。

(이제 마지막이군요.)

彼もそろそろ引退ですね。

(그도 이제 은퇴군요[은퇴할 때가 되었군요].)

あ、もうこんな時間ですか。わたしはこの辺でそろそろ。

(아, 벌써 이런 시간입니까? 저는 이쯤에서 슬슬(가보겠습니다).)

(9) どうしますか　어떻게 하겠습니까?

　■~します　~하겠습니다. ~합니다.
　　　　　　　(동사 する + ます;동사에 관해서는 11과)

[예] 交通便はどうしますか。

(교통편은 어떻게 하겠습니까?)

宿題はどうしますか。

(숙제는 어떻게 하겠습니까?)

事故の処理はどうしますか。

(사고 처리는 어떻게 하겠습니까?)

(10) [構内食堂]にします [구내식당]으로 하겠습니다

　／ [外]にします [밖]으로 하겠습니다

　■명사+に+します ~로 하겠습니다
　　　　　　　(「~がいいです」로 바꾸어 쓸 수 있는 경우가 많다)

[예] A : 大きいのと小さいのと、どちらにしますか。

(큰 것과 작은 것과[것 중에] 어느 것으로 하겠습니까?)

　B : 大きいのにします。(=大きいのがいいです。)

(큰 것으로 하겠습니다.)

A：おいしいのと安(やす)いのと、どちらにしますか。

(맛있는 것과 싼 것과[것 중에] 어느 것으로 하겠습니까?)

B：うーん、安いのにします。(安いのがいいです。)

(음, 싼 것으로 하겠습니다.)

A：ラーメンとお弁当(べんとう)と、どちらにしますか。

(라면과 도시락과[도시락 중에] 어느 것으로 하겠습니까?)

B：ラーメンにします。(ラーメンがいいです。)

(라면으로 하겠습니다.)

〈新しい単語〉

合格(ごうかく ; 합격)　　　　びっくり(놀라움)
相手(あいて ; 상대)　　　　二十歳(はたち ; 스무살)(はた ; 고유어 20)
冗談(じょうだん ; 농담)：ご冗談を。(농담하지 마세요. 농담 잘 하시네요)
外車(がいしゃ ; 외제차)　　　　処置(しょち ; 처치)
方法(ほうほう ; 방법)　　　　女性(じょせい ; 여성)
今回(こんかい ; 요번)　　　　うわさ通(どお)り(소문대로)
言葉(ことば ; 말)　　　　秘密(ひみつ ; 비밀),
精神力(せいしんりょく ; 정신력)　　　　攻撃力(こうげきりょく ; 공격력)
引退(いんたい ; 은퇴)　　　　この辺(へん)で(이쯤에서)
交通便(こうつうびん ; 교통편)　　　　宿題(しゅくだい ; 숙제)
処理(しょり ; 처리)

발 음 연 습(発音の練習) 8

Ⅰ ① ば　　ぱ　　ばあ　　　　　ぱあ
　 ② び　　ぴ　　びい　　　　　ぴい
　 ③ ぶ　　ぷ　　ぶう　　　　　ぷう
　 ④ べ　　ぺ　　べえ　　べい　　ぺえ　　ぺい
　 ⑤ ぼ　　ぽ　　ぼお　　ぼう　　ぽお　　ぽう

Ⅱ ① ばあい　　　　（ 場合 ： 경우 ）
　 ② びじゅつ　　　（ 美術 ： 미술 ）
　 ③ ぶひん　　　　（ 部品 ： 부품 ）
　 ④ すべ　　　　　（ 術　 ： 기술 ）
　 ⑤ ぼしゅう　　　（ 募集 ： 모집 ）

Ⅲ ① パスポート　　（ 패스포트 ; 여권 ）
　 ② ピカソ　　　　（ 피카소 ）
　 ③ コップ　　　　（ 컵 ）
　 ④ ペットボトル　（ 페트병 ）
　 ⑤ ポケット　　　（ 포켓 ; 주머니 ）

Ⅳ ① いち　　　　　（ 一　 ： 일 ）
　　 いっち　　　　（ 一致 ： 일치 ）
　 ② おと　　　　　（ 音　 ： 소리 ）
　　 おっと　　　　（ 夫　 ： 남편 ）
　 ③ がか　　　　　（ 画家 ： 화가 ）
　　 がっか　　　　（ 学科 ： 학과 ）
　 ④ スパイ　　　　（ 스파이 ）
　　 すっぱい　　　（ 시다 ）

Ⅴ 　ば　び　ぶ　べ　ぼ
　　 ぱ　ぴ　ぷ　ぺ　ぽ

〈練習問題〉

1. 다음 형용사의 「과거형」과 「 + て」형을 쓰시오.

① 맛있다
② 덥다
③ 크다
④ 무겁다
⑤ 넓다
⑥ 비싸다
⑦ 슬프다
⑧ 시끄럽다
⑨ 재미있다
⑩ 작다

2. 다음을 한자로 쓰고 그 읽는 법을 ひらがな로 쓰시오.

① 의미   ② 동물
③ 식물   ④ 구성
⑤ 내외   ⑥ 의향

3. 다음 한국어를 일본어로 옮기시오.

① 어제 영화는 정말 슬펐지요?

② 야마다씨와 둘이서 영화라니 좀 심했어요.

③ 어, 저기 야마다씨가 있네요.

④ 저는 머리가 아파서, 식사는 나중으로 하겠습니다.

⑤ 이 식당은 싸고 맛있어서, 언제나 사람이 많습니다.

◆日本のお金(일본의 화폐)

1円
表:若木

5円
表:稲穂
　歯車
　水
裏:双葉

10円
表:平等院鳳凰堂
　唐草
裏:常磐木

50円
表:菊花

100円
表:桜花

500円
表:桐
裏:竹, 橘

1000円
野口英世
のぐち ひでよ
세균학자

5000円
樋口一葉
ひぐち いちよう
시인, 소설가

10000円
福沢諭吉
ふくざわゆきち
교육가, 사상가

제 9 과

きれいなところですね

§학습목표

① 일본어 형용동사의 특징 및 활용형 학습
② 「얼마입니까」 표현의 습득
③ 부사 표현의 확장

◆ 포인트문형 ◆

1. きれいなところですね。
2. ちょっと不便(ふべん)じゃありませんか。
3. これはおいくらぐらいですか。
4. なななか広くて、けっこう便利(べんり)です。

▌본문회화

〈きれいなところですね〉

朴　　：さあ、どうぞ。

山田　：お邪魔します。

陳　　：おじゃまします。
　　　　なかなか広くて、きれいな部屋ですね。

山田　：お風呂付きですか。

朴　　：いいえ、お風呂は銭湯です。

山田　：ちょっと不便じゃありませんか。

朴　　：いいえ、銭湯はすぐ近くにあります。

陳　　：家賃はおいくらぐらいですか。

朴　　：ここはちょっと安いほうです。月3万5千円です。

陳　　：本当に安いですね。

朴　　：でも、ここは交通も不便ですし、
　　　　夜はけっこううるさいです。

陳　　：え？　どうしてですか。

朴　　：すぐ隣りが居酒屋なんです。

山田　：それはパクさんには都合がいいんじゃありませんか。

朴　　：いやあ、わたしはお酒のほうは好きですが、
　　　　うるさいのは大嫌いです。

陳　　：お酒はおいしいですか。

朴　　：うーん、おいしくはありませんが、
　　　　気晴らしにはけっこういいですよ。

山田　：ところで、食事はいつもどうしますか。

朴　　：自炊が多いです。

山田　：料理のほうはお上手ですか。

朴　　：いいえ、下手なほうですが、毎日外食もいやですし。

山田　：それは確かにそうですね。

朴　　：え？ 山田さんも自炊ですか。

山田　：いや、わたしはほとんど毎日外食です。それで。

朴　　：あー、そうですか。

⟨본문해석⟩

⟨깨끗한 곳이군요⟩

박시호 : 자, (들어)오세요.
야마다 : 실례하겠습니다.
진상희 : 실례하겠습니다. 꽤 넓고 깨끗한 방이군요.
야마다 : 목욕탕은 딸려있습니까?
박시호 : 아니오, 목욕탕은 공중목욕탕입니다[공중목욕탕을 이용합니다].
야마다 : 좀 불편하지 않습니까?
박시호 : 아니오, 공중목욕탕은 바로 가까이에 있습니다.
진상희 : 집값은 얼마 정도입니까?
박시호 : 여기는 좀 싼 편입니다. 월 3만 5천엔 입니다.
진상희 : 정말 싸군요.
박시호 : 하지만, 여기는 교통도 불편하고, 밤에는 꽤 시끄럽습니다.
진상희 : 네? 왜입니까?
박시호 : 바로 옆이 선술집이거든요.
야마다 : 그것은 박(시호)씨에게는 딱 좋은 것 아닙니까?
박시호 : 아, 저는 술 (쪽)은 좋아합니다만, 시끄러운 것은 매우 싫어합니다.
진상희 : 술은 맛있습니까?
박시호 : 음~, 맛있지는 않지만, 기분전환에는 꽤 좋아요.
야마다 : 그건 그렇고, 식사는 항상 어떻게 합니까?
박시호 : 자취가 많습니다.
야마다 : 요리는 잘 하십니까?
박시호 : 아니오, 서투른 편이지만, 매일 외식도 싫어서요[지겨워서요].
야마다 : 그건 확실히 그렇지요.
박시호 : 네? 야마다씨도 자취하세요?
야마다 : 아뇨, 저는 거의 매일 외식입니다. 그래서(요).
박시호 : 아, 그렇습니까.

◆ 語　彙 ◆

訪問(ほうもん)	방문
どうぞ	들어오세요 (상대의 행동을 권유할 때)
おじゃまします	실례하겠습니다(邪魔 ; 방해)(=失礼します)
広(ひろ)くて	넓고, 넓어서(ひろい＋て)
きれいな	깨끗한(きれいだ＋명사;연체형)
お風呂(ふろ)付(つ)き	목욕탕 포함
銭湯(せんとう)	공중목욕탕
不便(ふべん)	불편(기본형 ; 不便だ)
すぐ近(ちか)く	바로 가까이
おいくら	얼마(お＋いくら)
ぐらい	정도(＝くらい)
月(つき)３万５千円(さんまんごせんえん)	월 3만 5천엔
でも	하지만
交通(こうつう)	교통
~ですし	~이고, ~이니까
夜(よる)	밤
けっこう	꽤, 엄청
うるさい	시끄럽다
すぐ隣(とな)り	바로 옆, 이웃, 근처
居酒屋(いざかや)	선술집(さけ→さか→ざか)
~なん[の]です	~인 것입니다, ~이거든요(이유 설명)
都合(つごう)がいい	유리하다, 딱 좋다
お酒(さけ)	술(お＋酒)
好き(すき)	좋아하다(기본형 ; すきだ)
大嫌い(だいきらい)	매우 싫어하다(だい＋きらいだ)
気晴らし(きばらし)	기분전환(복합명사 ; き＋はらし)
いい	좋다(＝よい)

ところで	그건 그렇고, 그런데(화제전환)
食事(しょくじ)	식사
いつも	항상, 언제나
自炊(じすい)	자취
多い(おおい)	많다
料理(りょうり)	요리
お上手(じょうず)	능숙하다, 잘하다(お+じょうずだ)
下手(へた)な	서툰(へただ+명사 ; 연체형)
毎日(まいにち)	매일
外食(がいしょく)	외식
確(たし)かに	확실히, 분명히
ほとんど	거의

◆ 漢字を読んでみよう ◆

■訪問(ほうもん)　방문
　①訪 : 来訪(らいほう ; 내방), 探訪(たんぼう ; 탐방) 訪日(ほうにち ; 방일)
　②問 : 問題(もんだい ; 문제), 疑問(ぎもん ; 의문)

■不便(ふべん)　불편
　①不 : 不眠症(ふみんしょう ; 불면증), 不足(ふそく ; 부족)
　②便 : 便利(べんり ; 편리), 便宜(べんぎ ; 편의) cf. 音便(おんびん ; 음편)

■交通(こうつう)　교통
　①交 : 交流(こうりゅう ; 교류), 社交(しゃこう ; 사교)
　②通 : 通過(つうか ; 통과), 貫通(かんつう ; 관통)

■毎日(まいにち)　매일
　①毎 : 毎朝(まいあさ ; 매일 아침), 毎月(まいつき ; 매월)
　②日 : 日記(にっき ; 일기), 明日(みょうにち ; 내일)　cf. 期日(きじつ ; 기일)

■外食(がいしょく)　외식
　①外 : 外国(がいこく ; 외국), 内外(ないがい ; 내외)　cf. 外科(げか ; 외과)
　②食 : 食費(しょくひ ; 식비), 和食(わしょく ; 화식, 일식)

문 형·문 법(文型と文法)

(1) 방문시 회화

〈친구집 방문〉

[예] 朴 : ごめんください。

　　　　(실례합니다.)

　　母 : どちらさまでしょうか。

　　　　(누구십니까?)

　　朴 : あのう、山田さんの友達のパクと申しますが。

　　　　(저, 야마다씨 친구인 박(시호)라고 합니다만.)

　　母 : あ、パクさんですか。こちらへどうぞ。

　　　　(아, 박(시호)씨입니까? 이쪽으로 오세요.)

　　朴 : おじゃまします。

　　　　(실례하겠습니다.)

〈상점등에서〉

[예] 店員 : いらっしゃいませ。

　　　　(어서오세요.)

　　客　 : あのう、ちょっといいですか。アイショッピングですが。

　　　　(저 좀 괜찮습니까? 아이 쇼핑입니다만.)

　　店員 : ごゆっくり、どうぞ。

　　　　(자, 천천히 둘러보세요.)

(2) きれいな[部屋]　깨끗한 [방]

　■形容動詞(ナ形容詞)

　　사물의 성질이나 상태(속성) 또는 사람의 감정을 나타냄

　　기본형 : 「~だ」로 끝남

고유어(和語)계열	한자어(漢語)계열
静(しず)かだ(조용하다) きれいだ(깨끗하다) 好(す)きだ(좋다, 좋아하다)	親切(しんせつ)だ(친절하다) 便利(べんり)だ(편리하다) 有名(ゆうめい)だ(유명하다)

① 주요 형용동사

　i　색깔·형상·속성

　[예] 真っ赤(まっか)だ　새빨갛다　　　真っ青(まっさお)だ　새파랗다
　　　静(しず)かだ　조용하다　　　　きれいだ　깨끗하다, 아름답다
　　　さわやかだ　상쾌하다　　　　賑(にぎ)やかだ　번화하다
　　　すてきだ　멋지다　　　　　　だめだ　안된다(금지, 불가능)
　　　真面目(まじめ)だ　성실하다　　　素直(すなお)だ　온순하다
　　　得意(とくい)だ　잘하다　　　　苦手(にがて)だ　못하다
　　　上手(じょうず)だ　능숙하다　　　下手(へた)だ　서투르다
　　　便利(べんり)だ　편리하다　　　　不便(ふべん)だ　불편하다
　　　大変(たいへん)だ　힘들다　　　　大切(たいせつ)だ　중요하다
　　　元気(げんき)だ　건강하다　　　　必要(ひつよう)だ　필요하다
　　　安全(あんぜん)だ　안전하다　　　自由(じゆう)だ　자유스럽다

　ii　감정

　[예] 好(す)きだ　좋다, 좋아하다　　　嫌(きら)いだ　싫다, 싫어하다
　　　いやだ　싫다, 싫어하다　　　　残念(ざんねん)だ　안타깝다, 섭섭하다
　　　面倒(めんどう)だ　귀찮다　　　　退屈(たいくつ)だ　따분하다

② 형용동사의 종지형과 정중표현(「~だ」→「~です」)

　[예] このりんごは真っ赤だ。　→　このりんごは真っ赤です。
　　　(이 사과는 새빨갛다.)　　　　(이 사과는 새빨갛습니다.)

　　　この部屋は静かだ。　→　この部屋は静かです。
　　　(이 방은 조용하다.)　　　　(이 방은 조용합니다.)

今朝はさわやかだ。 → 今朝はさわやかです。
(오늘 아침은 상쾌하다.)　　　(오늘 아침은 상쾌합니다.)
彼は真面目だ。 → 彼は真面目です。
(그 사람은 성실하다.)　　　(그 사람은 성실합니다.)
ここは安全だ。 → ここは安全です。
(여기는 안전하다.)　　　(여기는 안전합니다.)
この仕事は面倒だ。 → この仕事は面倒です。
(이 일은 귀찮다.)　　　(이 일은 귀찮습니다.)

③ 형용동사의 연체형(「~だ」→「な」+ 체언)
[예] このりんごは真っ赤だ。 → 真っ赤なりんご
(이 사과는 새빨갛다.)　　　(새빨간 사과)
この部屋は静かだ。 → 静かな部屋
(이 방은 조용하다.)　　　(조용한 방)
今朝はさわやかだ。 → さわやかな朝
(오늘 아침은 상쾌하다.)　　　(상쾌한 아침)
彼は真面目だ。 → 真面目な人
(그 사람은 성실하다.)　　　(성실한 사람)
ここは安全だ。 → 安全なところ
(여기는 안전하다.)　　　(안전한 곳)
この仕事は面倒だ。 → 面倒な仕事
(이 일은 귀찮다.)　　　(귀찮은 일)

④ 형용동사의 부정형(「~だ」→「ではない」)
[예] この部屋は静かだ。 → この部屋は静かでは(じゃ)ない。
　　　　　　　　　　　　(이 방은 조용하지 않다.)
今朝はさわやかだ。 → 今朝はさわやかでは(じゃ)ない。
　　　　　　　　　　　　(오늘 아침은 상쾌하지 않다.)
彼は真面目だ。 → 彼は真面目では(じゃ)ない。
　　　　　　　　　　　　(그 사람은 성실하지 않다.)

　　　　　ここは安全だ。　　→　　ここは安全では[じゃ]ない。
　　　　　　　　　　　　　　　　　(여기는 안전하지 않다.)
　　　　　この仕事は面倒だ。　→　　この仕事は面倒では[じゃ]ない。
　　　　　　　　　　　　　　　　　(이 일은 귀찮지 않다.)

⑤ 형용동사 정중형의 부정(명사 부정표현과 같음)
 [예] この部屋は静かでは[じゃ]ありません/ないです。
　　　今朝はさわやかでは[じゃ]ありません/ないです。
　　　彼は真面目では[じゃ]ありません/ないです。
　　　ここは安全では[じゃ]ありません/ないです。
　　　この仕事は面倒では[じゃ]ありません/ないです。

(3) 風呂つき　목욕탕이 딸려 있는

 [예] あの部屋は新築でクーラー[エアコン]つきです。
　　　(저 방은 신축으로 에어컨이 딸려 있습니다.)
　　　電話つきの車もありますか。
　　　(전화 딸린 차도 있습니까?)
　　　この部屋は火災保険つきですから、安心です。
　　　(이 방은 화재보험에 들어있어서 안심입니다.)

(4) おいくら(ぐらい)　얼마 정도

 [예] A：このスーツはおいくらですか。
　　　　(이 양복은 얼마입니까?)
　　　B：安いです。上下一着で一万円ちょうどです。
　　　　(쌉니다. 상하 한 벌에 딱 만엔입니다.)
　　　A：へえ、そう安くはないですね。
　　　　(허, 그렇게 싸지는 않군요.)
　　　A：この人形はおいくらですか。
　　　　(이 인형은 얼마입니까?)

B : ちょっと高いですが。

(좀 비싼데요.)

A : 値段がいくらでもぜひほしいです。

(가격이 얼마라도 꼭 갖고 싶습니다.)

■관련 : いくつ(몇 개)

[예] 残りはいくつありますか。

(남은 거는 몇 개 있습니까?)

残りは八つありますが、いくつほしいですか。

(남은 것은 여덟 개 있습니다만, 몇 개 원하십니까?)

※おいくつですか。(나이가 어떻게 되십니까[몇 살이십니까?])

(5) くらい / ぐらい 정도, 만큼, 쯤
   この・その・あの・どの + くらい
   명사・これ・それ・あれ・どれ + ぐらい

(6) 돈 세는 법

円	읽기	十円	읽기	百円	읽기
1円	いちえん	10円	じゅうえん	100円	ひゃくえん
2円	にえん	20円	にじゅうえん	200円	にひゃくえん
3円	さんえん	30円	さんじゅうえん	300円	さんびゃくえん
4円	**よえん**	40円	**よんじゅうえん**	400円	**よんひゃくえん**
5円	ごえん	50円	ごじゅうえん	500円	ごひゃくえん
6円	ろくえん	60円	ろくじゅうえん	600円	ろっぴゃくえん
7円	**ななえん**	70円	**ななじゅうえん**	700円	**ななひゃくえん**
8円	はちえん	80円	はちじゅうえん	800円	はっぴゃくえん
9円	**きゅうえん**	90円	**きゅうじゅうえん**	900円	**きゅうひゃくえん**
얼마	いくら	何十円	なんじゅうえん	何百円	なんびゃくえん

千円	읽기	万円	읽기
千円	せんえん	1万円	いちまんえん
2千円	にせんえん	2万円	にまんえん
3千円	さんぜんえん	3万円	さんまんえん
4千円	**よんせんえん**	4万円	**よんまんえん**
5千円	ごせんえん	5万円	ごまんえん
6千円	ろくせんえん	6万円	ろくまんえん
7千円	**ななせんえん**	7万円	**ななまんえん**
8千円	はっせんえん	8万円	はちまんえん
9千円	**きゅうせんえん**	9万円	**きゅうまんえん**
何千円	なんぜんえん	何万円	なんまんえん

(7) [居酒屋(いざかや)]なんです [선술집]이거든요.

■ [명사]なのです ~이거든요(이유 설명, 단정)

→ 회화체에서는 「なんです」

[예] A : どうして日曜日(にちようび)に図書館(としょかん)にいるんですか。
　　　　(왜 일요일에 도서관에 있는 겁니까?)

　　B : あしたから試験(しけん)なんです。
　　　　(내일부터 시험이거든요.)

　　A : なぜここにいるんですか。
　　　　(왜 여기 있는 겁니까?)

　　B : 彼女(かのじょ)と待(ま)ち合(あ)わせなんです。
　　　　(그녀하고 약속이 있거든요.)

　　A : ちょっと辛(から)くありませんか。
　　　　(좀 맵지 않습니까?)

　　B : これが韓国料理(かんこくりょうり)なんです。
　　　　(이게 (바로) 한국요리입니다.)

(8) ~ですし　~이고(부연설명, 기타~)

　① 나열, 이유로 제시(접속조사)

　　[예] お金もないし、時間もないし、わたしは今回の旅行はいいです。

　　　　(돈도 없고, 시간도 없고, 저는 이번 여행은 됐습니다.)

　　　　値段も安いし、品質もいいしで、この店は人気があります。

　　　　(값도 싸고, 품질도 좋고 해서, 이 가게는 인기가 있습니다.)

　② 말하는 이의 주저함, 망설임(종조사)

　　[예] 彼は性格がいい。しかも、ハンサムだし。でも…。

　　　　(그는 성격이 좋다. 게다가 잘생겼고. 하지만…)

　　　　天気もいいし、時間もあるし。でも、お金がない。

　　　　(날씨도 좋고, 시간도 있는데. 하지만 돈이 없다.)

(9) ところで　그런데, 그건 그렇고 (화제전환)

　[예] A : 昨日の彼は本当にハンサムでしたね。

　　　　(어제 그사람은 정말 잘생겼었지요?)

　　　B : それに性格もよかったですね。

　　　　(게다가 성격도 좋았지요?)

　　　C : ところで、宿題のほうは。

　　　　(그런데 숙제는요?)

　　　B : いや、それはまだですが。

　　　　(아뇨, 그건 아직입니다만.)

　　　A : いいお天気ですね。

　　　　(좋은 날씨군요.)

　　　B : そうですね。

　　　　(그렇네요.)

　　　A : 暇ですし。

　　　　(시간도 있고요.)

B : うーん。
　　(음-)

A : 遊園地なんかどうですかね。
　　(유원지 같은데 어떨까요?)

B : ところで、お金はありますか。
　　(그런데 돈은 있습니까?)

A : それが、ないですね。
　　(그게 없네요.)

B : じゃ、お勉強ですね。
　　(그럼 공부군요[공부나 합시다].)

〈新しい単語〉

新築(しんちく ; 신축)　　　　火災保険(かさいほけん ; 화재보험)
スーツ(슈트, 양복)　　　　　上下一着(じょうげいっちゃく ; 상하 한 벌)
人形(にんぎょう ; 인형)　　　ぜひ(꼭)(≒からなず ; 반드시, 꼭)
品質(ひんしつ ; 품질)　　　　性格(せいかく ; 성격)
暇(ひま ; 틈, 짬, 한가로움)　 遊園地(ゆうえんち ; 유원지)

발 음 연 습(発音の練習) 9

Ⅰ　① ま　　　　まあ
　　② み　　　　みい
　　③ む　　　　むう
　　④ め　　　　めえ　　　　めい
　　⑤ も　　　　もお　　　　もう

Ⅱ　① まっか　　　（ 真っ赤 ： 새빨갛다 ）
　　② みっか　　　（ 三日 ： 삼일 ）
　　③ むっつ　　　（ 六つ ： 여섯 개 ）
　　④ めっき　　　（ 도금, 겉만 번지르르하게 꾸밈 ）
　　⑤ もっか　　　（ 目下 ： 목하, 현재, 지금 ）

Ⅲ　① みつ　　　　（ 蜜 ： 꿀 ）
　　　みっつ　　　（ 三つ ： 세 개 ）
　　② しそう　　　（ 思想 ： 사상 ）
　　　しっそう　　（ 疾走 ： 질주 ）
　　③ じつざい　　（ 実在 ： 실재 ）
　　　じっさい　　（ 実際 ： 실제 ）

Ⅳ　① もうむり(無理)です。
　　② めったにありません。
　　③ まだまだです。
　　④ もともとだめです。
　　⑤ もっともっとがんばります。

Ⅴ　ま み む め も

〈練習問題〉

1. 다음 형용동사의 기본형을 쓰고 정중표현으로 활용하시오.

①조용하다
②성실하다
③능숙하다
④편리하다
⑤건강하다
⑥좋아하다
⑦귀찮다
⑧깨끗하다
⑨서투르다
⑩안 된다

2. 다음을 한자로 쓰고 그 읽는 법을 ひらがな로 쓰시오.

①방문   ②매일
③외국   ④자취
⑤일기   ⑥문제

3. 다음 한국어를 일본어로 옮기시오.

①좀 좁습니다만, 들어오세요.

②요리는 잘하는 편입니다만, 시간이 없어서요.

③그건 그렇고, 공중목욕탕은 불편하지 않습니까?

④운동은 서툰 편입니다만, 그래도 좋아합니다.

⑤좀 귀찮지만, 안전이 제일입니다.

◆日本のコンビに(일본의 편의점)

おにぎり	サンドイッチ	総菜(そうざい)	
삼각김밥	샌드위치	반찬	
ドリンク	デザート	タバコ	
드링크	디저트	담배	
お菓子(かし)	パン	おでん	カップラーメン
과자	빵	오뎅	컵라면
お酒(さけ)	日本酒(にほんしゅ)	焼酎(しょうちゅう)	缶(かん)ビール
술	일본술	소주	캔맥주
雑誌(ざっし)	本	新聞(しんぶん)	マンガ(コミック)
잡지	책	신문	만화 코믹
ATM	コピー機(き)	写真印刷(しゃしんいんさつ)	トイレ
	복사기	사진인쇄	화장실
お湯(ゆ)	電子(でんし)レンジ	ビニール袋(ぶくろ)	お箸(はし)
뜨거운물	전자렌지	비닐봉지	젓가락
ストロー	宅急便(たっきゅうびん)(宅配便(たくはいびん))	メール便(びん)	
빨대	택배	서류택배	

제 10 과

上手(じょうず)でした

§학습목표

① 형용동사 활용형의 심화 발전
② 「~라고 하는」 표현의 습득
③ 일본어의 특징(여성어) 이해
④ 「~なる」표현의 활용

◆포인트문형◆

1. 料理のほうも上手(じょうず)でしたね。
2. 一人(ひとり)で十分(じゅうぶん)という意味(いみ)です。
3. 彼(かれ)がパクさんかしら。
4. 長(なが)くなります。

▎본문회화

〈上手でした〉

山田　：先日(せんじつ)のパクさんの部屋(へや)はほんとうにきれいでしたね。

陳　　：それに料理(りょうり)のほうもけっこう上手(じょうず)でしたね。

山田　：あれじゃ、ひとり暮(く)らしが長(なが)くなるでしょうね。

陳　　：え？ どういう意味(いみ)ですか。

山田　：いや、ただ、ひとりでも大丈夫だという意味です。

山田　：あ、パクさん、先日はどうも。

朴　　：あ、どうも。

山田　：パクさんの料理はほんとうにうまかったですね。

朴　　：ほんとうですか。

山田　：最高(さいこう)でしたよ。

朴　　：山田さんは、お世辞(せじ)がうまいですね。

山田　：いや、とんでもない。お世辞じゃありませんよ。

朴　　：どうも、どうも。

〈バスで移動中(いどうちゅう)〉

朴　　：かなりひどい渋滞(じゅうたい)ですね。

陳　　：事故(じこ)かしら。

山田　：いや、この道(みち)はいつもこうですよ。

陳　　：電車のほうがよかったかしら。

山田　：でも、電車のほうは乗り換えが多くて

　　　　もっと大変ですよ。

朴　　：それにしても、これじゃ遅刻ですね。

　　　　やはり電車か自転車のほうが一番でしょうね。

山田　：でも、電車は乗り換えが大変ですし、

　　　　自転車のほうはちょっと危なくないですか。

朴　　：いやあ、乗り換えと自転車は運動になりますし、

　　　　それに、自転車専用の道路もありますので。

山田　：それはそうですね。

〈본문해석〉

〈능숙했습니다〉

야마다 : 지난번 박(시호)씨 방은 정말 깨끗했지요.
진상희 : 게다가 요리 쪽도 꽤 능숙했구요.
야마다 : 그대로라면 혼자 사는 것이 길어지겠네요.
진상희 : 네? 무슨 의미입니까?
야마다 : 아뇨, 그냥, '혼자라도 괜찮다'라는 의미입니다.
야마다 : 아, 박(시호)씨, 지난번에는 (정말) 감사했습니다.
박시호 : 고맙습니다.
야마다 : 박(시호)씨 요리는 정말 맛있었어요.
박시호 : 정말입니까?
야마다 : 최고였어요.
박시호 : 야마다씨는 괜한 칭찬을 잘 하시네요.
야마다 : 아뇨, 천만에요, 괜한 칭찬이 아니예요.
박시호 : 네, 네, 고마워요.

〈버스로 이동중〉

야마다 : 꽤 심한 정체군요.
진상희 : 사고인가[사고났나]?
야마다 : 아뇨, 이 길은 언제나 이래요.
진상희 : 전철 쪽이 좋았으려나?
야마다 : 하지만, 전철 쪽은 갈아타기가 많아서 더 큰일이예요[힘들어요].
박시호 : 그렇기는 해도 이대로라면 지각이네요.
　　　　역시 전철이라던가 자전거 쪽이 제일이죠.
야마다 : 하지만, 전철은 갈아타기가 많아서[여러번 갈아타야 해서] 힘들고,
　　　　자전거 쪽은 좀 위험하지 않을까요?
박시호 : 아니오, 갈아타기와 자전거는 운동이 되고, 게다가 자전거 전용 도로
　　　　도 있고요.
야마다 : 그건 그렇네요.

◆ 語　彙 ◆

先日(せんじつ)	지난번
それに	게다가(＝しかも)
あれじゃ	저것으로는, 저대로라면
ひとり暮(ぐ)らし	혼자 사는 것, 독신생활
長(なが)く	길어, 오래(기본형;ながい)
なります	됩니다(なる＋ます)
どういう	어떤, 무슨(＝どんな)
ひとり(独り)で	혼자서, 독신으로
大丈夫(だいじょうぶ)	괜찮다(기본형;大丈夫だ)
~という意味(いみ)	~라고 하는[라는] 의미
うまかった	맛있었다(うまい＋た;과거)
最高(さいこう)	최고
お世辞(せじ)がうまい	칭찬을 잘하다, 아첨을 잘하다
とんでもない	천만에요, 당치도 않아요
バス	버스
移動中(いどうちゅう)	이동중
かなり	꽤, 상당히, 엄청
道(みち)	길
いつも	언제나
こうです	이렇습니다
よかった	좋았다(よい＋た;과거형)
~かしら	~일까(여성어)
乗り換え(のりかえ)	환승, 갈아타기
もっと	보다 더, 더욱
それにしても	그렇다고는 해도, 그렇지만
これじゃ	이것으로는, 이대로라면
自転車(じてんしゃ)	자전차;자전거

一番(いちばん)　　　　　　가장(원래는 번호의 '일번')
危(あぶ)ない　　　　　　　위험하다
運動(うんどう)　　　　　　운동
専用(せんよう)　　　　　　전용
道路(どうろ)　　　　　　　도로

◆ 漢字を読んでみよう ◆

■先日(せんじつ)　선일(지난번, 일전)
　①先 : 先頭(せんとう ; 선두), 率先(そっせん ; 솔선)
　②日 : 元日(がんじつ ; 원일, 1월 1일), 休日(きゅうじつ ; 휴일)

■最高(さいこう)　최고
　①最 : 最善(さいぜん ; 최선), 最悪(さいあく ; 최악)
　②高 : 高校(こうこう ; 고교), 標高(ひょうこう ; 표고, 해발)

■自転車(じてんしゃ)　자전차(자전거)
　①自 : 自信(じしん ; 자신), 各自(かくじ ; 각자)
　②転 : 転勤(てんきん ; 전근), 転々(てんてん ; 전전, 여기저기 옮겨다님)
　③車 : 車掌(しゃしょう ; 차장), 台車(だいしゃ ; 운반용 손수레)

■道路(どうろ)　도로
　①道 : 道具(どうぐ ; 도구), 歩道橋(ほどうきょう ; 보도교, 육교)
　②路 : 路線(ろせん ; 노선), 迷路(めいろ ; 미로)

문 형·문 법(文型と文法)

(1) 上手でした　능숙했습니다/잘했습니다(과거)

■ 형용동사 과거형

보통체	정중체
この部屋は静かだった。 (이 방은 조용했다) 今朝はさわやかだった。 (오늘 아침은 상쾌했다) 彼は真面目だった。 (그는 성실했다) ここは安全だった。 (여기는 안전했다) この仕事は面倒だった。 (이 일은 귀찮았다)	この部屋は静かでした。 (이 방은 조용했습니다) 今朝はさわやかでした。 (오늘 아침은 상쾌했습니다) 彼は真面目でした。 (그는 성실했습니다) ここは安全でした。 (여기는 안전했습니다) この仕事は面倒でした。 (이 일은 귀찮았습니다)

※「だった」에「です」를 붙이는 방법도 있다. 단 이 경우에는
　「だったの[ん]です」와 같이「の」를 넣는다.
　[예] この部屋は静かだったの[ん]です。
　　　(이 방은 조용했습니다)
　　　今朝はさわやかだったの[ん]です。
　　　(오늘 아침은 상쾌했습니다)
　　　彼は真面目だんたの[ん]です。
　　　(그는 성실했습니다)

(2) 先日(せんじつ)　지난번(불특정 과거 어느날)

　[예] これは、先日のお礼です。

　　　(이것은 지난번(일에 대한) 감사의 선물입니다.)

　　　先日はいろいろとありがとうございました。

　　　(지난번에는 여러가지로 감사했습니다.)

　　　先日はどうもお世話になりました。

　　　(지난번에는 정말 신세졌습니다.)

(3) あれじゃ 저대로라면 / これじゃ[遅刻ですね] 이대로라면 [지각이네요]

　■これじゃ / あれじゃ = このままでは / あのままでは

　[예] これじゃ(=このままでは)間違いなく倒産ですね。

　　　(이대로라면 틀림없이 도산이네요.)

　　　彼はいつもテレビですね。あれじゃ、合格は難しいですね。

　　　(그 사람은 언제나 텔레비젼이군요. 저대로라면 합격은 어렵겠네요.)

　　　息子は毎日パソコンゲームです。あれじゃ、だめですよね。

　　　(우리 아들은 매일 컴퓨터게임입니다. 저대로라면 안되겠지요?)

(4) 長くなります　길어집니다

　■형용사 + なります　~해지다, ~되다

　[예] A : なんか味が変ですね。

　　　　(뭔가 맛이 이상하네요.)

　　　B : いや、味の元でおいしくなります。

　　　　(아뇨, 미원으로 맛있게 됩니다.)

A：来週から学園祭ですね。

　　(다음 주부터 학교축제이지요.)

B：来週からは学校內がうるさくなりますね。

　　(다음 주부터는 학교 안이 시끄러워지겠네요.)

A：急に暑くなりましたね。

　　(갑자기 더워졌네요.)

B：もう、夏ですね。

　　(벌써 여름이네요.)

(5) [ひとりで大丈夫]という[意味]　[혼자서 괜찮다]라는 [의미]

■ ~という　~라고 하는

① 명사 + という

[예] 彼は本田という会社の人です。

　　(그 사람은 혼다라는 회사 사람입니다.)

わたしは警察という組織の一員です。

　　(저는 경찰이라고하는 조직의 일원입니다.)

② 형용사기본형 + という

[예] A：この店の料理は天下一品ですね。

　　　(이 가게의 요리는 천하일품이네요.)

B：それはどういう意味ですか。

　　　(그것은 무슨 의미입니까?)

A：すごくおいしいということです。

　　　(대단히 맛있다라는 것입니다.)

③ 형용동사어간 + という

[예] A：彼は正真正銘の紳士ですね。

　　　(그사람은 진짜[진정한] 신사이지요.)

B : それはどういう意味ですか。
　　　　　(그것은 무슨 의미입니까?)
　　　A : 本当に優しくて親切だということです。
　　　　　(정말 상냥하고 친절하다라는 것입니다.)

(6) お世辞がうまい　괜한 칭찬을 하다, 아첨을 잘하다

　　そんな事ことはお世辞せじにも言いえない。
　　(그런 것은 빈말이라도 할 수 없다.)

　[예] 山田：パクさんの日本語はもう完璧ですね。
　　　　　(박(시호)씨의 일본어는 이제 완벽하시네요.)
　　　朴　：山田さんは本当にお世辞がうまいですね。(=ご冗談を。)
　　　　　(야마다씨는 정말 괜한 칭찬(농담)을 잘 하시네요.)
　　　山田：いや、本当ですよ。
　　　　　(아뇨, 정말이예요.)

(7) [事故]かしら　[사고]일까

　■ ~かしら　~일까?(여성어; 추측) → だろう[か](남녀공용; 추측)

　[예] 結婚式の準備のほうはどうかしら。→ どうだろう[か]。
　　　(결혼식 준비 쪽은 어떨까? [준비는 잘 되고 있을까, 괜찮을까])
　　　明日は遠足ですね。天気のほうはどうかしら。→ どうだろう[か]。
　　　(내일은 소풍이네요. 날씨 쪽은 어떨까[괜찮을까]?)
　　　明日いよいよお見合いね。どういう人かしら。→どういう人だろう[か]。
　　　(내일 드디어 맞선이네. 어떤 사람일까?)
　　　本当に彼でよかったかしら。　→よかっただろう[か]。
　　　(정말 그사람으로 괜찮았던 것일까?(선택을 잘 한 것일까?))

(8) それにしても　그렇기는 해도, 하지만
　[예] A：久しぶりの雨ですね。
　　　　(오래간만에 비군요.)

B : それにしても今年は雨が少ないですね。
　　　(그렇기는 해도 올해는 비가 적네요.)

　　A : 本当においしかったですね。
　　　(정말 맛있었지요.)
　　B : それにしてもちょっと高くありませんか。
　　　(그렇기는 해도 좀 비싸지 않습니까?)

(9) [電車]か[自転車]のほう　[전철] 아니면 [자전거] 쪽

　[예] これかあれか紛らわしい。
　　　(이것인지 저것인지 혼란스럽다.)
　　答案は鉛筆ではなく、ボールペンか万年筆のほうでお願いします。
　　(답안은 연필이 아니라, 볼펜이나 만년필 쪽으로 부탁합니다.)
　　銀行は一階か二階のほうにあります。
　　(은행은 일층인가 이층 쪽에 있습니다.)

(10) [運動]になります　[운동]이 됩니다

　■ [명사]になる　~가 된다, ~가 되다
　　　　　　(명사의 뜻에 따라 여러 가지로 해석)

　[예] 来年からはわたしも社会人になります。
　　　(내년부터 저도 사회인이 됩니다.)

　　まもなく終着駅になります。(=「~に到着します(~에 도착합니다)」
　　　　　　　　　　　　　　=「~に到着です(~에 도착입니다)」)
　　(이제 곧 종착역이 됩니다.)

　　講演会はこの四階になります。(「~에서 행해집니다」)
　　(강연회는 요 4층이 됩니다.)

〈新しい単語〉

お礼(れい ; 감사의 선물)　　　　　お世話(せわ)になる(신세지다)
間違(まちが)いない(틀림없다)　　　倒産(とうさん ; 도산)
合格(ごうかく ; 합격)　　　　　　息子(むすこ ; 아들) cf. 娘(むすめ ; 딸)
味(あじ ; 맛)　　　　　　　　　　夏(なつ ; 여름)
味の元(あじのもと: 미원 ; 고유명사화가 일반명사화된 것)
警察(けいさつ ; 경찰)　　　　　　組織(そしき ; 조직)
一員(いちいん ; 일원)　　　　　　紳士(しんし ; 신사) cf. 淑女(しゅくじょ)
親切(しんせつ ; 친절)　　　　　　完璧(かんぺき ; 완벽)
冗談(じょうだん ; 농담)　　　　　準備(じゅんび ; 준비) cf. 用意(ようい)、ドン！
遠足(えんそく ; 소풍)　　　　　　いよいよ(드디어)
お見合(みあ)い(맞선) cf. お見舞(みま)い(병문안)
紛(まぎ)らわしい(혼란스럽다)　　答案(とうあん ; 답안)
万年筆(まんねんひつ ; 만년필)　　まもなく(이제 곧)
社会人(しゃかいじん ; 사회인) cf. 弁護人(べんごにん ; 변호인)
終着駅(しゅうちゃくえき ; 종착역) ↔ 始発駅(しはつえき ; 시발역)
講演会(こうえんかい ; 강연회)

발 음 연 습(発音の練習) 10

Ⅰ　① や　　やあ　　　きゃ　　ぎゃ　　しゃ　　じゃ
　　② ゆ　　ゆう　　　きゅ　　ぎゅ　　しゅ　　じゅ
　　③ よ　　よお　　よう　きょ　　ぎょ　　しょ　　じょ

Ⅱ　① やすみ　　　　　（ 休み ： 휴일 ）
　　② ゆめ　　　　　　（ 夢 ： 꿈 ）
　　③ よる　　　　　　（ 夜 ： 밤 ）
　　④ やきゅう　　　　（ 野球 ： 야구 ）
　　⑤ きょうりょく　　（ 協力 ： 협력 ）
　　⑥ しゃちょう　　　（ 社長 ： 사장 ）
　　⑦ しゅび　　　　　（ 守備 ： 수비 ）
　　⑧ じゅみょう　　　（ 寿命 ： 수명 ）

Ⅲ　① きゃく　　　　　（ 客 ： 손님 ）
　　　 きやく　　　　　（ 規約 ： 규약 ）
　　② こうぎょう　　　（ 工業 ： 공업 ）
　　　 こうぎよう　　　（ 講義用 ： 강의용 ）
　　③ しょうしゃ　　　（ 商社 ： 상사 ）
　　　 しようしゃ　　　（ 使用者 ： 사용자 ）
　　④ じゅうぎょう　　（ 従業 ： 종업 ）
　　　 じゆうぎょう　　（ 自由業 ： 자유업 ）

Ⅳ　① さようなら。
　　② りょこうよう(旅行用)かばんはどこですか。
　　③ とうこう(登校)きょひ(拒否)がぞうか(増加)いちろ(一路)です。

Ⅴ　や ゆ よ

〈練習問題〉

1. 다음 형용동사의 과거형을 쓰고 정중표현으로 활용하시오.

①조용하다
②성실하다
③능숙하다
④편리하다
⑤건강하다
⑥좋아하다
⑦귀찮다
⑧깨끗하다
⑨서투르다
⑩안된다

2. 다음을 한자로 쓰고 그 읽는 법을 ひらがな로 쓰시오.

①최고   ②지난번
③고교   ④수도
⑤우선   ⑥노상

3. 다음 한국어를 일본어로 옮기시오.

①지난번에는 사고로 지각이었습니다.

②버스 쪽은 갈아타는 것이 없어서 편합니다.

③전철은 비 오는 날에도 정체가 없어서 좋습니다.

④학생용 식당은 1층 아니면 2층에 있습니다.

⑤여행은 기분전환도 됩니다.

제 11 과

映画でも見ますか
   えいが   み

§ 학습목표

① 일본어 동사의 특징 이해 및 활용형 학습
② 전화 응답 연습
③ 화제 제시의 「が」표현의 학습
④ 원인·이유의 「から」표현의 학습

◆포인트문형◆

1. 映画を見ます。
2. もしもし、山田です。
3. 彼のことですが、よろしくお願いします。
4. いつも忙しいと言いますから。

▎본문회화

〈映画でも見ますか〉

山田　：急に雨ですね。

朴　　：映画でも見ますか。それともいっぱいやりますか。

山田　：わたしは映画のほうがいいですけど。

朴　　：外食は久しぶりですね。

山田　：そうですね。何を食べますか。

朴　　：近くにおいしいラーメン屋がありますが、
　　　　そこに行きますか。

山田　：せっかくの外食にラーメンですか。

朴　　：もしもし、木村さんお願いします。

木村　：もしもし、木村ですが。

朴　　：あ、パクと申します。あのう、待ち合わせの
　　　　時間ですが、今ひどい渋滞で、三時まではちょっと
　　　　無理かと思いますが。

木村　：それは仕方ないですね。三時半にしますか。

朴　　：それもちょっときびしいですが。

木村　：じゃ、四時はどうですか。

朴　　：はい、四時までに行きます。どうも、すみません。

木村　：どうも。

山田　：今回の旅行にはだれが行きますか。

朴　　：わたしとマリアさんとチンさん、

　　　　それから木村さんが参加します。

山田　：へえ、木村さんも来るんですか。

朴　　：ええ、彼も来ますが、なにか。

山田　：いや、彼はいつも忙しいと言いますから。

〈본문해석〉

〈영화라도 보시겠습니까?〉

야마다 : 갑자기 비군요[비가 오는군요].
박시호 : 영화라도 보겠습니까? 아니면 한 잔 하시겠습니까?
야마다 : 저는 영화 쪽이 좋습니다만.

박시호 : 외식은 오래간만이네요.
야마다 : 그렇군요. 뭐 먹을까요.
박시호 : 근처에 맛있는 라면 가게가 있습니다만, 거기 가겠습니까?
야마다 : 모처럼의 외식에 라면입니까?

박시호 : 여보세요, 기무라씨 부탁합니다.
기무라 : 여보세요, 기무라입니다만.
박시호 : 아, 박(시호)라고 합니다. 저, 약속 시간말이죠[말인데요],
 지금 심한 정체로 3시까지는 좀 무리가 아닐까 생각합니다만.
기무라 : 그것은 어쩔 수 없군요. 3시 반으로 하겠습니까?
박시호 : 그것도 좀 어려운데요.
기무라 : 그럼 4시는 어떻습니까?
박시호 : 네, 4시까지 가겠습니다. 정말 미안합니다.
기무라 : 자 그럼.

야마다 : 이번 여행에는 누가 갑니까?
박시호 : 저하고 마리아씨와 진(상희)씨, 그리고 기무라씨가 참가합니다.
야마다 : 허, 기무라씨도 옵니까?
박시호 : 네, 그도 옵니다만, 왜요?
야마다 : 아뇨, 그는 언제나 바쁘다고 말해서요.

◆ 語 彙 ◆

急(きゅう)に	갑자기 cf. いきなり, 突然(とつぜん)
雨(あめ)	비 cf. 雪(ゆき ; 눈)
映画(えいが)	영화
~でも	~라도
見(み)ますか	보겠습니까?(みる+ます+か)
それとも	아니면, 그렇지 않으면
いっぱい(一杯)	한 잔(부사적으로 '가득'의 의미)
飲(の)みますか	마시겠습니까?(のむ+ます+か)
外食(がいしょく)	외식
何(なに)を	무엇을
食(た)べますか	먹겠습니까?(たべる+ます+か)
ラーメン屋(や)	라면 가게
行(い)きますか	가겠습니까?(いく+ます+か)
せっかく	모처럼, 애써, 일부러
もしもし	여보세요
お願(ねが)いします	부탁합니다
~と申(もう)します	~라고 합니다;말하다(言う)의 겸양어 말씀하시다(おっしゃる)
待(ま)ち合(あ)わせ	약속(장소, 시간)
三時(さんじ)まで	3시까지
無理(むり)	무리
仕方(しかた)ない	할 수 없다, 어쩔 수 없다(=しようがない)
三時半(さんじはん)	3시 반
~にしますか	~로 하겠습니까?
きびしい(厳しい)	어렵다, 힘하다
今回(こんかい)	이번 cf. 今度(こんど)
旅行(りょこう)	여행

だれ	누구(=どなた, どちらさま)
参加(さんか)します	참가합니다(参加する＋ます)
来(き)ますか	오겠습니까?(くる＋ます＋か)
~と言(い)いますから	~라고 하니까요(いう＋ます＋から)

◆ 漢字を読んでみよう ◆

■ 無理(むり)　무리
　① 無 : 無名(むめい), 皆無(かいむ ; 전혀없음)
　② 理 : 理解(りかい), 物理(ぶつり)

■ 今回(こんかい)　금회(이번)
　① 今 : 今後(こんご ; 금후, 이후), 昨今(さっこん ; 작금, 요즘)
　② 回 : 回転(かいてん ; 회전), 巡回(じゅんかい ; 순회)

■ 参加(さんか)　참가
　① 参 : 参照(さんしょう ; 참조), 持参(じさん ; 지참)
　② 加 : 加入(かにゅう ; 가입), 増加(ぞうか ; 증가)

■ 最初(さいしょ)　최초
　① 最 : 最善(さいぜん ; 최선), 最低(さいてい ; 최저, 최악)
　② 初 : 初日(しょにち ; 초일, 첫날), 月初(げっしょ ; 월초)

■ 有名(ゆうめい)　유명
　① 有 : 有利(ゆうり ; 유리), 所有(しょゆう ; 소유)
　② 名 : 名物(めいぶつ ; 명물), 地名(ちめい ; 지명)

문 형·문 법(文型と文法)

(1) 行(い)きます 가겠습니다

  ■動詞

  사람이나 사물의 동작·작용·존재를 나타냄

  기본형 : う段(う/く/ぐ/す/つ/ぬ/ぶ/む/る)으로 끝남

    (「ふ」나「ゆ」로 끝나는 동사는 현대어에는 없다)

① 5단동사(五段動詞;ごだんどうし) (= 1그룹동사)

  기본형이 「う/く/ぐ/す/つ/ぬ/ぶ/む」로 끝나거나 「る」로 끝나는

  경우는 「る」바로 앞의 모음 부분이 「-a」「-u」「-o」인 동사

  [활용] 어미[-u]가 [a, i, u, e, o]와 같이 5단(段)에 걸쳐 활용

기본형	부정	정중(연용)	종지, 연체	조건	의지, 권유
書(か)く kaku 쓰다	かか+ない kak**a**-nai 쓰지 않다	かき+ます kak**i**-masu 씁니다	かく[체언] kak**u**[체언] 쓴다, 쓰는	かけ+ば kak**e**-ba 쓰면	かこ+う kak**o**-u 쓰자

[예] 違(ちが)う[chiga-u] 다르다   買(か)う[ka-u] 사다
   行(い)く[ik-u] 가다   書(か)く[kak-u] 쓰다
   泳(およ)ぐ[oyog-u] 수영하다   嗅(か)ぐ[kag-u] (냄새를)맡다
   話(はな)す[hanas-u] 말하다   押(お)す[os-u] 밀다
   待(ま)つ[mats-u] 기다리다   立(た)つ[tats-u] 서다
   死(し)ぬ[sin-u] 죽다
   飛(と)ぶ[tob-u] 날다   呼(よ)ぶ[yob-u] 부르다
   飲(の)む[nom-u] 마시다   読(よ)む[yom-u] 읽다
   ある[ar-u] 있다   かかる[kakar-u] 걸리다
   作(つく)る[tsukur-u] 만들다   怒(おこ)る[okor-u] 화내다

※「う」로 끝나는 동사의 경우「ない」에 연결될 때,「あ」가 아니라
「わ」로 활용한다.(違う → ちがわない, 買う → かわない)

※「ある」의 경우, 그 부정형은「あらない」가 아니라「ない」

② 1단동사(一段動詞: 上一段動詞、下一段動詞) (= 2그룹동사)

〈上一段動詞(かみいちだんどうし)〉

기본형이「-る(ru)」로 끝나고 그 앞의 모음이 [i]인 동사

[활용]「る」앞의 [i] 부분이 변화가 없다.([i] 1단에서 활용)

기본형	부정	정중(연용)	종지, 연체	조건	의지, 권유
起(お)きる oki-ru 일어나다	おき+ない oki-nai 일어나지않다	おき+ます oki-masu 일어납니다	おきる[명사] oki-ru[명사] 일어난다 일어나는	おきれ+ば oki-reba 일어나면	おき+よう oki-you 일어나겠다 일어나자

[예] いる[i-ru] 있다　　　　　　飽(あ)きる[aki-ru] 질리다
　　見(み)る[mi-ru] 보다　　　　借(か)りる[kari-ru] 빌리다

〈下一段動詞(しもいちだんどうし)〉

기본형이「-る(ru)」로 끝나고 그 앞의 모음이 [e]인 동사

[활용]「る」앞의 [e] 부분이 변화가 없다.([e] 1단에서 활용)

기본형	부정	정중(연용)	종지, 연체	조건	의지, 권유
食(た)べる tabe-ru 먹는다	たべ+ない tabe-nai 먹지 않다	たべ+ます tabe-masu 먹습니다	たべる[명사] tabe-ru[명사] 먹는다,먹는	たべれ+ば tabe-reba 먹으면	たべ+よう tabe-you 먹겠다,먹자

[예] 開(あ)ける[ake-ru] 열다　　　　出(で)る[de-ru] 나오다(나가다)
　　寝(ね)る[ne-ru] 자다　　　　　負(ま)ける[make-ru] 지다

③불규칙동사(不規則動詞;)

「する(하다)」,「来(く)る(오다)」

기본형	부정	정중(연용)	종지, 연체	조건	의지, 권유
する su-ru 하다	し+ない si-nai 하지않다	し+ます si-masu 합니다	する[명사] suru[명사] 한다, 하는	すれ+ば sure-ba 하면	し+よう si-you 하자
くる ku-ru 오다	こ+ない ko-nai 오지않다	き+ます ki-masu 옵니다	くる[명사] kuru[명사] 온다, 오는	くれ+ば kure-ba 오면	こ+よう ko-you 오자

■동사의 정중표현

　동사 + ます(조동사)　~합니다

　※명사·형용사·형용동사의 정중표현 →「 + です」

　[활용]　(동사에 ます를 붙일 때 활용이 생긴다)

　　　　　[몇단 동사인지 파악하는 것이 선결과제]

① 5단동사

　어미 [u]를 [i]로 바꾼다(「イ段」으로 바꾼다)

　[예] 会(あ)う[a-u] 만나다　　　あう　→　　あいます 만납니다

　　　洗(あら)う[ara-u] 씻다　　あらう　→　　あらいます 씻습니다

　　　書(か)く[kak-u] 쓰다　　　かく　→　　かきます 씁니다

　　　行(い)く[ik-u] 가다　　　　いく　→　　いきます 갑니다

　　　話(はな)す[hanas-u] 말하다　はなす　→　　はなします 말합니다

　　　消(け)す[kes-u] 지우다　　けす　→　　けします 지웁니다

　　　待(ま)つ[mats-u] 기다리다　まつ　→　　まちます 기다립니다

　　　持(も)つ[mots-u] 들다　　もつ　→　　もちます 듭니다

　　　死(し)ぬ[sin-u] 죽다　　　しぬ　→　　しにます 죽습니다

　　　飛(と)ぶ[tob-u] 날다　　　とぶ　→　　とびます 납니다

　　　遊(あそ)ぶ[asob-u] 놀다　あそぶ　→　　あそびます 놉니다

　　　飲(の)む[nom-u] 마시다　のむ　→　　のみます 마십니다

読(よ)む[yom-u] 읽다　　　　よむ　　→　　よみます 읽습니다

ある[ar-u] 있다　　　　　　ある　　→　　あります 있습니다

乗(の)る[nor-u] 타다　　　　のる　　→　　のります 탑니다

② 1단동사

「る」를 빼고 그냥 「ます」를 붙인다.

[예] いる[i-ru] 있다　　　　　→　　います 있습니다

見(み)る[mi-ru] 보다　　　　→　　みます 봅니다

起(お)きる[oki-ru] 일어나다　→　　おきます 일어납니다

食(た)べる[tabe-ru] 먹다　　→　　たべます 먹습니다

寝(ね)る[ne-ru] 자다　　　　→　　ねます 잡니다

得(え)る[e-ru] 얻다　　　　→　　えます 얻습니다

※ 예외 5단동사

要(い)る, 帰(かえ)る, 焦(あせ)る, いじる 등 「る」직전 음이
「i」나 「e」로, 형태는 1단동사이지만 예외적으로 5단동사 활용함.

[예] 要(い)る[i-ru] 필요하다　　　→　います(×)　　いります

帰(かえ)る[kae-ru] 돌아가다　　→　かえます(×)　かえります

焦(あせ)る[ase-ru] 초조하다　　→　あせます(×)　あせります

いじる　　[iji-ru] 만지작거리다　→　いじます(×)　いじります

(2) [映画]でも　[영화]라도

■[명사]でも　~라도(마지막 선택)

[예] こんなわたしでもいいですか。

(이런 저라도 괜찮습니까?)

なんか緊張(きんちょう)しますね。コーヒーでも飲(の)みますか。

(왠지 긴장되는군요. 커피라도 마실까요?)

A : なにを食べますか。

　　(무엇을 먹겠습니까?)

B : パンでもいいです。

　　(빵이라도 괜찮습니다.)

A : は？ パンでも？

　　(네? 빵이라도(요)?)

B : いや、パンがいいです。

　　(아뇨, 빵이 좋습니다.)

(3) それとも[いっぱい飲みますか]

그렇지 않으면[아니면] [한 잔 하시겠습니까?]

[예] 彼が犯人ですか。それともほかに真犯人がいますか。

(그가 범인입니까? 아니면 달리 진범이 있습니까?)

タイ料理はおいしいですか、それともまずいですか。

(태국 요리는 맛있습니까, 아니면 맛없습니까?)

バスで行きますか、それとも電車で行きますか。

(버스로 가시겠습니까, 아니면 전철로 가시겠습니까?)

(4) せっかく[の外食でラーメンですか]　모처럼 [(의) 외식에 라면입니까?]

[예] せっかくの外出でゲームセンター[ゲーセン]ですか。

(모처럼의 외출에 오락실입니까?)

せっかくの休みの日にテレビですか。

(모처럼의 휴일에 텔레비젼입니까?)

せっかくのお誘いですが、お断りします。

(모처럼 말씀해 주셨습니다만, 거절하겠습니다.)

(5) 전화에서의 회화(사람을 찾을 때와 그에 대한 대답)
  ※경어사용에 주의(일본어 경어의 특징상 외부인에 대해 내부 사람을 이야기할 때에는 낮춤말을 사용)

[예] 朴　：もしもし、木村さんお願いします。
　　　　　(여보세요, 기무라씨 부탁합니다.)

　　木村：もしもし、木村ですが。
　　　　　(여보세요, 기무라입니다.)

　　朴　：もしもし、木村さんいらっしゃいますか。
　　　　　(여보세요, 기무라씨 계십니까?)

　　山田：もしもし、木村ですね。少々お待ちください。
　　　　　(여보세요, 기무라씨 말씀이지요. 잠시 기다려 주십시오.)

　　朴　：もしもし、木村さんお願いします。
　　　　　(여보세요, 기무라씨 부탁합니다.)

　　山田：もしもし、木村ですか。木村はちょっと席を外しておりますが。
　　　　　(여보세요, 기무라씨 말씀인가요? 기무라씨는 잠시 자리를 비웠습니다만[자리에 없습니다만].)
　　　　　なにかご伝言ありますか。
　　　　　(무언가 전언이 있습니까[전하실 말씀 있으십니까?])

　　朴　：もしもし、木村さんお願いします。
　　　　　(여보세요, 기무라씨 부탁합니다.)

　　山田：もしもし、木村ですか。木村はあいにく留守にしておりますが。
　　　　　(여보세요, 기무라씨 말씀인가요? 기무라씨는 공교롭게 부재중 입니다만.)
　　　　　すみませんが、どちらさまでしょうか。
　　　　　(죄송합니다만, 누구[어디]십니까?)

　　朴　：友だちのパクと申しますが、また後でお電話します。
　　　　　(친구 박(시호)라고 합니다만, 다시 나중에 전화하겠습니다.)

196

(6) [待ち合わせの時間ですが　[약속시간]말인데요

　■~が　~말인데요(화제제시)

　[예] あのう、これですが、この小説は面白いですか。

　　　(저, 이것 말인데요, 이 소설은 재미있습니까?)

　　　あのう、彼女のことですが、彼女でいいですか。

　　　(저, 그녀 말인데요, 그녀로 괜찮습니까[만족합니까?])

　　　あのう、この手紙ですが、この内容はちょっとおかしくないですか。

　　　(저, 이 편지 말인데요, 이 내용은 좀 이상하지 않습니까?)

　　　あのう、お昼ご飯ですが、韓国料理はどうですか。

　　　(저, 점심 말인데요, 한국요리는 어떠십니까?)

(7) 三時まで　세 시까지

　[예] 今日の会議は一時から二時までです。

　　　(오늘 회의는 한 시부터 두 시까지입니다.)

　　　四月十四日から十八日までが試験期間です。

　　　(4월 14일부터 18일까지가 시험기간입니다.)

　　　四時までは必ず戻ります。

　　　(4시까지는 반드시 돌아오겠습니다.)

　　　締め切りは今月末までです。

　　　(마감은 이번 달 말까지 입니다.)

(8) [三時半]にしますか　[세 시 반]으로 하겠습니까?

　■명사 + にします　[명사]로 하겠습니다

　[예] お昼はラーメンにします。

　　　(점심은 라면으로 하겠습니다[먹다])

197

旅先は北海道にします。

(여행지는 홋카이도로 하겠습니다[결정])

今日のデートは映画にします。

(오늘 데이트는 영화로 하겠습니다[보다])

(9) [彼はいつも忙しいと言いますから [그는 언제나 바쁘다고 말]하니까요

■ ~から 이유・원인

접속 : 용언의 기본형 + から

① 용사

[예] この店はおいしいから、いつも人が多い。

(이 가게는 맛있으니까[맛있어서], 언제나 사람이 많다.)

ちょっと重いから、気を付けて。

(좀 무거우니까, 조심해.)

先日の店は本当に安かったから、明日また行きます。

(지난번 가게는 정말 쌌기때문에[싸서], 내일 또 가겠습니다.)

② 형용동사

[예] 彼は親切だから、女性に人気がある。

(그사람은 친절하기 때문에[친절해서], 여자들에게 인기가 있다.)

彼は英語も上手だから、就職に心配はない。

(그사람은 영어도 잘하니까, 취직에 걱정이 없다.)

彼女は昔きれいだったから、化粧品のモデルまでやった。

(그녀는 옛날에 예뻐서, 화장품 모델까지 했다.)

③ 동사

[예] あしたは必ず行くから、心配しないで。

(내일은 꼭 갈테니까, 걱정하지 마.)

早口(はやくち)で読(よ)むから、よく分(わ)からない。

(빠른 말로 읽으니까[읽어서], 잘 모르겠다.)

警察(けいさつ)も来(き)ますから、心配(しんぱい)はありません。

(경찰도 오니까, 걱정 없습니다.)

〈新しい単語〉

こんな(이런)
コーヒー(커피)
真犯人(しんはんにん；진범)
休(やす)みの日(ひ；휴일)
お断(ことわ)り(거절)
いらっしゃいますか(계십니까?；いる의 존경어, 겸양어는 おる
席(せき；자리)
伝言(でんごん；전언)
留守(るす；부재중)
内容(ないよう；내용)
締め切り(しめきり；마감)
戻(もど)る(돌아오다/가다)
北海道(ほっかいどう；홋카이도[지명])
心配(しんぱい；걱정)
化粧品(けしょうひん；화장품)
必ず(かならず；꼭)

緊張(きんちょう；긴장)
犯人(はんにん；범인)
外出(がいしゅつ；외출)
お誘(さそ)い(권유)
お待ちください(기다려 주세요)
少々(しょうしょう；잠시, 조금. ちょっと보다 정중한 표현)
外(はず)す(비우다)
あいにく(공교롭게)
手紙(てがみ；편지)
会議(かいぎ；회의)
今月末(こんげつまつ；이번 달 말)
旅先(たびさき；여행목적지)
就職(しゅうしょく；취직)
昔(むかし；옛날)
モデル(모델)
早口(はやくち；말 빨리하는 것)

발 음 연 습(発音の練習) 11

Ⅰ　① ら　　ら あ　　　　　　① ちゃ　　にゃ　　りゃ
　　② り　　り い
　　③ る　　る う　　　　　　② ちゅ　　にゅ　　りゅ
　　④ れ　　れ え　　れ い
　　⑤ ろ　　ろ お　　ろ う　　③ ちょ　　にょ　　りょ

Ⅱ　① そら　　　　　　（空　：　하늘）
　　② えり　　　　　　（襟　：　깃　）
　　③ るす　　　　　　（留守：　부재중）
　　④ れいぎ　　　　　（礼儀：　예의）
　　⑤ ろうじん　　　　（老人：　노인）
　　⑥ あかちゃん　　　（아기）
　　⑦ にゅうりょく　　（入力：　입력）
　　⑧ しょうりゃく　　（省略：　생략）

Ⅲ　① ちょ　　　　　　（著　：　저술）
　　　 ちよ　　　　　　（千代：　천년）
　　② りゅう　　　　　（竜　：　용）
　　　 りゆう　　　　　（理由：　이유）
　　③ りょう　　　　　（量　：　양）
　　　 りよう　　　　　（利用：　이용）

Ⅳ　① ちょっといいですか。
　　② ちゅうしゃ(駐車)はちゃんとちゅうしゃじょう(駐車場)にします。
　　③ りょうり(料理)のりょう(量)はおまかせします。
　　④ りようきゃく(利用客)のあんぜん(安全)がだいいち(第一)です。

Ⅴ　ら　り　る　れ　ろ

〈練習問題〉

1. 다음 동사를 쓰고 정중표현으로 활용하시오.

①사다
②가다
③쓰다
④말하다
⑤먹다
⑥보다
⑦일어나다
⑧오다
⑨만나다
⑩타다

2. 다음을 한자로 쓰고 그 읽는 법을 ひらがな로 쓰시오.

①여행　　　　　　　②참가
③이해　　　　　　　④외식
⑤회전　　　　　　　⑥가입

3. 다음 한국어를 일본어로 옮기시오.

①야마다씨 말입니다만, 그 사람도 옵니까?

②3시 까지는 어렵습니다만, 4시 까지는 가겠습니다.

③이제 슬슬 약속 시간이군요.

④내일은 모처럼 휴일이니까 가까운 공원에라도 가겠습니다.

⑤내가 가니까 걱정하지 말아요.

◆ 日常生活(일상생활)

朝早く起きる 아침 일찍 일어나다

顔[手/足]を洗う 얼굴/손/발을 씻다　　歯を磨く 이를 닦다

朝ご飯を食べる 아침밥을 먹다　　新聞を読む 신문을 읽다

コーヒーを入れる 커피를 타다　　ニュースを見る 뉴스를 보다

ひげを剃る 수염을 깎다　　化粧をする 화장을 하다

シャツを着る 셔츠를 입다　　ズボンをはく 바지를 입다

帽子をかぶる 모자를 쓰다　　ネクタイをする 네타이를 하다

駅まで歩いていく 역까지 걸어가다　　電車に乗る 전철을 타다

バスを降りる 버스를 내리다

会社まで自転車でいく 회사까지 자전거로 가다

書類を作成する 서류를 작성하다　　コピーをする 복사를 하다

掃除機をかける 청소기를 돌리다　　洗濯をする 세탁을 하다

昼寝をする 낮잠을 자다　　お茶を飲む 차를 마시다

ラジオを聞く 라디오를 듣다

犬と散歩をする 개와 산책을 하다

お風呂に入る 목욕을 하다　　シャワーを浴びる 샤워를 하다

布団を敷く/たたむ 이불을 깔다/개다　　夜遅く寝る 밤늦게 자다

제 12 과

初対面(しょたいめん)

§ 학습목표

① 자기 소개의 실전
② 동사 활용형의 심화 학습
③ 다양한 이유 표현의 학습
④ 인용문의 형식

◆ 포인트문형 ◆

1. 自己紹介(じこしょうかい)をお願(ねが)いします。
2. 一年目(いちねんめ)になります。
3. 運動(うんどう)にもなると思(おも)いまして。
4. 去年(きょねん)日本(にほん)に来(き)ました。

▋본문회화

<初対面>

加賀　：みなさん、はじめまして。新任の加賀です。

生徒　：先生、はじめまして。よろしくおねがいします。

加賀　：よろしく。みなさん、自己紹介をお願いします。
　　　　まず、パクさんから。

朴　　：はい。みなさん、こんにちは。パクと申します。
　　　　韓国からの留学生で専門は経済学です。
　　　　よろしくお願いします。

加賀　：パクさんは日本で何年目ですか。

朴　　：まもなく三年目になります。

加賀　：けっこう長いですね。じゃ、次はマリアさん。

マリア：はじめまして、マリアです。わたしはニューヨーク
　　　　生まれで、専門は日本文学です。
　　　　去年日本に来ました。それから趣味はカラオケです。

加賀　：マリアさんは歌がお上手ですか。

マリア：いいえ、下手なほうですが、
　　　　日本語の勉強にもなると思いまして。

加賀　　：マリアさんは勉強熱心ですね。

マリア　：いいえ、ただ日本文化が好きなだけです。

加賀　　：はい、分かりました。じゃ、次は最後にチンさん。

陳　　　：はじめまして。チンです。
　　　　　専門はさっきのパクさんと同じく経済学です。
　　　　　まだ一年次です。よろしくお願いします。
　　　　　あ、わたしは中国から来ました。

加賀　　：チンさんのご趣味は。

陳　　　：特にありませんが、映画を見るのが好きです。

加賀　　：そうですか。なにか質問ありませんか。

朴　　　：あのう、先生はお国はどちらですか。

加賀　　：ぼくは江戸っ子です。

朴　　　：江戸っ子って何ですか。

加賀　　：東京生まれ東京育ちのことです。

〈본문해석〉

〈첫대면〉

카가 : 여러분, 처음 뵙겠습니다. 신임인 카가입니다.
생도 : 선생님, 처음 뵙겠습니다. 잘 부탁드립니다.
카가 : 잘 부탁합니다. 여러분, 자기소개를 부탁합니다.
　　　　먼저, 박(시호)씨 부터.
박시호 : 네. 여러분, 안녕하세요. 박(시호)라고 합니다. 한국에서 온
　　　　유학생으로 전공은 경제학입니다. 잘 부탁드립니다.
카가 : 박(시호)씨는 일본에서 몇년째입니까?
박시호 : 곧 3년째가 됩니다.
카가 : 꽤 오래되었군요. 자, 다음은 마리아씨.
마리아 : 처음 뵙겠습니다. 마리아입니다. 저는 뉴욕태생으로
　　　　전공은 일본문학입니다. 작년에 일본에 왔습니다.
　　　　그리고 취미는 가라오케입니다.
카가 : 마리아씨는 노래를 잘 하십니까?
마리아 : 아니오, 서툰 편입니다만, 일본어 공부도 된다고 생각해서요.
카가 : 마리아씨는 공부 열심이군요.
마리아 : 아니오, 그냥 일본문화가 좋은 것 뿐입니다.
카가 : 네, 알겠습니다. 자 다음은 마지막으로 진(상희)씨.
진상희 : 처음 뵙겠습니다. 진(상희)입니다. 전공은 조금 전 박(시호)씨와
　　　　같은 경제학입니다. 아직 1학년입니다. 잘 부탁드립니다.
　　　　아, 저는 중국에서 왔습니다.
카가 : 진(상희)씨 취미는(요)?
진상희 : 특별히 없습니다만, 영화 보는 것을 좋아합니다.
카가 : 그렇습니까. 뭔가 질문 없습니까?
박시호 : 저, 선생님은 출신은 어디입니까?
카가 : 저는「에도코」입니다.
박시호 :「에도코」라는 것은 무엇입니까?
카가 : 동경에서 태어나서 동경에서 자랐다는 것입니다.

◆ 語　彙 ◆

新任(しんにん)	신임
自己紹介(じこしょうかい)	자기소개
まず	먼저, 우선
まもなく	이제 곧, 바로
次(つぎ)は	다음은
ニューヨーク生(う)まれ	뉴욕태생
日本文学(にほんぶんがく)	일본문학 cf. 語学(ごがく,어학)
去年(きょねん)	작년(=昨年 ; さくねん)
来(き)ました	왔습니다(くる＋ます＋た ; 과거)
趣味(しゅみ)	취미
カラオケ	가라오케
歌(うた)	노래
勉強(べんきょう)	공부
~と思(おも)いまして	~라고 생각해서요(~とおもう＋ます＋て)
熱心(ねっしん)	열심
分(わ)かりました	알았습니다(わかる＋ますの 과거형)
最後(さいご)	최후, 마지막(↔最初(さいしょ))
~と同(おな)じく	~와 마찬가지로
まだ	아직
一年次(いちねんじ)	1학년 cf. 一年生(いちねんせい)
特(とく)に	특별히
質問(しつもん)	질문
~って	~라고 하는 것은(=というのは)
~のことです	~라는 것입니다, ~을 가리킵니다

◆ 漢字を読んでみよう ◆

■新任(しんにん)　신임
　①新：新聞(しんぶん；신문), 斬新(ざんしん；참신)
　②任：任期(にんき；임기), 責任(せきにん；책임)

■文学(ぶんがく)　문학
　①文：文化(ぶんか；문화), 英文(えいぶん；영문)
　②学：学歴(がくれき；학력), 哲学(てつがく；철학)

■勉強(べんきょう)　면강[공부]
　①勉：勉学(べんがく；면학), 勤勉(きんべん；근면)
　②強：強力(きょうりょく；강력), 最強(さいきょう；최강)

■質問(しつもん)　질문
　①質：質疑(しつぎ；질의), 気質(きしつ；기질)
　②問：問診(もんしん；문진), 疑問(ぎもん；의문)

문 형·문 법(文型と文法)

(1) 自己紹介 관련 용어

① 출신, 국적

[예] ~から来ました。(~에서 왔습니다.)

　　~生まれです。(~태생입니다.)

　　~(の)出身です。(~출신입니다.)

② 직업

　~です。

[예] 学生(がくせい;학생)　　　　会社員(かいしゃいん;회사원)

　　芸能人(げいのうじん;연예인)　野球選手(やきゅうせんしゅ;야구선수)

　　サラリーマン(샐러리맨)　　　公務員(こうむいん;공무원)

　　弁護士(べんごし;변호사)　　　専業主婦(せんぎょうしゅふ;전업주부)

　　警察官(けいさつかん;경찰관)　歌手(かしゅ;가수)

　　新聞記者(しんぶんきしゃ;신문기자)　消防士(しょうぼうし;소방관)

③ 나이, 학년

~才	읽기	~年次	읽기
10才	じゅっさい, じっさい	一年次	いちねんじ
19才	じゅうきゅうさい	新入生	しんにゅうせい
20才	はたち	二年次	にねんじ
21才	にじゅういっさい	三年次	さんねんじ
22才	にじゅうにさい	四年次	よねんじ
23才	にじゅうさんさい	何年次	なんねんじ
24才	にじゅうよんさい	一回生	いっかいせい
25才	にじゅうごさい	二回生	にかいせい
30才	さんじゅっさい	三回生	さんかいせい
40才	よんじゅっさい	四回生	よんかいせい
50才	ごじゅっさい	何回生	なんかいせい
何才	なんさい		

④ 취미

　　趣味(しゅみ)は~です。

　　[예] 読書(どくしょ;독서)　スポーツ(스포츠)　ドライブ(드라이브)
　　　　音樂鑑賞(おんがくかんしょう;음악감상)　料理(りょうり;요리)
　　　　パソコンゲーム(컴퓨터게임)　　　　寝(ね)ること(자는 것)
　　　　楽器演奏(がっきえんそう;악기연주)　水泳(すいえい;수영)
　　　　散歩(さんぽ;산책)　映画(えいが)/テレビを見ること(영화/TV보기)

(2) 分かりました　알았습니다(과거)

　■동사 정중표현의 과거형
　　동사연용형 + ます → ました
　　〈五段動詞〉

　　[예] 洗(あら)う 씻다　　→　あらいます　→　あらいました
　　　　行(い)く 가다　　　→　いきます　　→　いきました
　　　　話(はな)す 말하다　→　はなします　→　はなしました
　　　　待(ま)つ 기다리다　→　まちます　　→　まちました
　　　　呼(よ)ぶ 부르다　　→　よびます　　→　よびました
　　　　飲(の)む 마시다　　→　のみます　　→　のみました
　　　　ある 있다　　　　　→　あります　　→　ありました

　　〈上一段動詞〉

　　[예] いる 있다　　　　　→　います　　　→　いました
　　　　飽(あ)きる 질리다　→　あきます　　→　あきました
　　　　見(み)る 보다　　　→　みます　　　→　みました
　　　　借(か)りる 빌리다　→　かります　　→　かりました

　　〈下一段動詞〉

　　[예] 開(あ)ける 열다　　→　あけます　　→　あけました
　　　　出(で)る 나오다　　→　でます　　　→　でました

　　　　寝(ね)る 자다　　→　　ねます　　→　　ねました
　　　　負(ま)ける 지다　　→　　まけます　　→　　まけました

　　〈変格動詞〉
　　[예] する 하다　　　　→　　します　　→　　しました
　　　　くる 오다　　　　→　　きます　　→　　きました

(3) [日本語の勉強]にもなる　[일본어 공부]도 된다

■ 명사 + にもなる　~도 된다(유익하다)

[예] カンパンは非常時にはりっぱな食事にもなります。
　　(건빵은 비상시에는 훌륭한 식사도 됩니다.)
　　毎日テレビを見るのは、日本語の発音の勉強にもなります。
　　(매일 텔레비젼을 보는 것은 일본어 발음 공부도 됩니다.)
　　電車の利用は、お金の節約にもなる。
　　(전철 이용은 돈의 절약도 된다.)

(4) ~と[思いまして]　~라고 생각해서요

■ ~と ~라고(인용); 뒤에 「言う」「思う」

[예] これはなんという花ですか。
　　(이것은 뭐라고 하는 꽃입니까?)
　　この宝石はなんという名前ですか。
　　(이 보석은 뭐라고 하는 이름입니까?)
　　マスコミではなんと言いますか。
　　(매스컴에서는 뭐라고 합니까?)
　　「では、失礼します」と、さようならのあいさつを言いました。
　　(「그럼 실례하겠습니다」라고 작별의 인사를 말했습니다.)

(5) ~と思います　~라고 생각합니다

　① 명사 ＋ だ ＋ と思います

　　[예] 彼が真犯人だと思います。

　　　　(그 사람이 진범이라고 생각합니다.)
　　　　犯行の場所はたぶん自宅だと思います。

　　　　(범행 장소는 아마 자택이라고 생각합니다.)
　　　　日本で一番人気のあるスポーツは、やはり野球だと思います。

　　　　(일본에서 가장 인기가 있는 스포츠는 역시 야구라고 생각합니다.)

　② 용언(기본형) ＋ と思います

　　[예] この本の内容はかなり難しいと思います。

　　　　(이 책의 내용은 꽤 어렵다고 생각합니다.)
　　　　今日の映画は面白かったと思います。

　　　　(오늘 영화는 재미있었다고 생각합니다.)
　　　　今回の試験はたぶんだめだったと思います。

　　　　(이번 시험은 아마 안 되었다고 생각합니다.)
　　　　ほかに真犯人がいると思います。

　　　　(달리 진범이 있다고 생각합니다.)

(6) [~と思い]まして　[~라고 생각]해서요

　■ 동사 연용형 ＋ まして　~해서요(이유, 설명)

　　[예] 彼が全部食べまして、残りはありません。

　　　　(그 사람이 전부 먹어서, 남은 것은 없습니다.)
　　　　三日間もずっと雨が降りまして、大変でした。

　　　　(삼 일간이나 계속 비가 와서 힘들었습니다.)

地震が起きまして、多くの人が死にました。

(지진이 일어나서 많은 사람들이 죽었습니다.)

山田さんも参加しまして、これで参加者は五人になりました。

(야마다씨도 참가해서, 이것으로 참가자는 다섯 명이 되었습니다.)

■ ~です → ~でして ~라서요

[예] わたしは公務員でして、そんなことはできません。

(저는 공무원이라서, 그런 일은 못합니다.)

三日間もずっと雨でして、本当に大変でした。

(삼일간이나 계속 비여서, 정말 힘들었습니다.)

今回の地震はひどいものでして、死傷者が多かったです。

(이번 지진은 심한 것이어서, 사상자가 많았습니다.)

(7) 分(わ)かる 알다, 이해하다(가능동사)

한국어로 「~을 알다」의 「을」에 해당되는 조사로서 「が」를 사용

[예] 先生の説明が分かる。

(선생님의 설명을 알다[이해하다].)

彼の居場所が分かる。

(그 사람이 있는 곳을 알다.)

犯人が分かる。

(범인을 알다.)

■ 分かる와 知る (조사 쓰임이 다름)

[예] 犯人が分かる人。

犯人を知る人。

(둘 다 「범인을 아는 사람」이라고 해석되지만, 「分かる」의 경우는 조사해 본 결과 그것을 알았다라는 의미이고, 「知る」의 경우는 뉴스 등에서 범인이 소개되었을 때 그 범인과 아는 사이라는 의미로 이해된다.)

※ 부정 표현일 때 그 차이가 현저

[예] 山田さんは今どこにいますか。

(야마다씨는 지금 어디에 있습니까?)

→分かりません。

→知りません。

(둘 다 「모르겠습니다」로 해석되지만, 「知る」의 경우는 「わたしと関係ありません(저하고는 상관 없습니다)」와 같은 뉘앙스를 지닌다.)

(8) [江戸っ子]って [에도코]라는 것은

■체언 + って ~라고 하는 것은, ~는(=というのは)

[예] パソコンって、パーソナル・コンピューターのことですね。

(파소콘 이라는 것은 퍼스널 컴퓨터를 말하는 것이지요?)

バイクって、危なくないですか。

(오토바이라는 것은 위험하지 않습니까?)

手紙って最近はほとんどなくなりましたね。

(편지라는 것은 요즈음에는 거의 없어졌지요.)

彼って本当にやさしいね。

(그사람은 정말 상냥하지요.)

※一人(ひとり)っ子 외동, 末(すえ)っ子 막내, 売(う)れっ子 인기있는 사람

〈新しい単語〉

カンパン(건빵)
cf. あんパン(팥빵), 食(しょく)パン(식빵), メロンパン(멜론빵[소보루빵])

非常時(ひじょうじ;비상시) cf. 非常口(ひじょうぐち;비상구)

りっぱだ(立派だ;훌륭하다)　　発音(はつおん;발음)

利用(りよう;이용)　　節約(せつやく;절약)

花(はな;꽃)　　宝石(ほうせき;보석)

マスコミ(매스컴)　※マス・コミュニケーション(mass communication)

あいさつ(挨拶;인사)　　犯行(はんこう;범행)

場所(ばしょ;장소)　　たぶん(아마)

自宅(じたく;자택)　　スポーツ(스포츠)

三日間(みっかかん;삼일간)　　降(ふ)る(내리다)(↔止(や)む;그치다)

地震(じしん;지진)　　参加者(さんかしゃ;참가자)

死傷者(ししょうしゃ;사상자)　　説明(せつめい;설명)

居場所(いばしょ;있는 곳)　　手紙(てがみ;편지)

발 음 연 습 (発音の練習) 12

I ① わ　　わあ　　① ひゃ　びゃ　ぴゃ　みゃ
　　　　　　　　　　② ひゅ　びゅ　ぴゅ　みゅ
　　　　　　　　　　③ ひょ　びょ　ぴょ　みょ

II ① わかい　　　　　（若い ： 젊다）
　　② とうにょうびょう（糖尿病 ： 당뇨병）
　　③ はっぴゃく　　　（八百 ： 팔백）
　　④ コンピューター　（컴퓨터）
　　⑤ びみょう　　　　（微妙 ： 미묘）
　　⑥ ミュージカル　　（뮤지컬）
　　⑦ びゃくや　　　　（白夜 ： 백야）
　　⑧ どうみゃく　　　（動脈 ： 동맥）

III ① ひゃく　　（百 ： 백）
　　　ひやく　　（飛躍 ： 비약）
　　② びょう　　（病 ： 병）
　　　びよう　　（美容 ： 미용）
　　③ みょう　　（妙 ： 묘하다）
　　　みよう　　（見よう ： 보자）

IV ① びょういん(病院)のまえにびよういん(美容院)があります。
　② わかもの(若者)がろっぴゃくにん(六百人)もいます。
　③ わいろのそうがく(総額)はさんびゃくまんえん(三百万円)です。

V わ

〈練習問題〉

1. 다음 동사의 정중형을 쓰고 부정형과 과거형으로 활용하시오.

①사다
②가다
③쓰다
④말하다
⑤먹다
⑥보다
⑦일어나다
⑧오다
⑨만나다
⑩타다

2. 다음을 한자로 쓰고 그 읽는 법을 ひらがな로 쓰시오.

①신문　　　　　　　　②문화
③취미　　　　　　　　④질문
⑤소개　　　　　　　　⑥주부

3. 다음 한국어를 일본어로 옮기시오.

①한 시간이나 기다렸습니다.

②제 전공은 일본문학이고, 취미는 컴퓨터게임입니다.

③문학이라는 것은 어렵지 않습니까?

④누가 범인인지 알게 되어서 무서워졌습니다.

⑤전철로 가니까 정체를 걱정할 필요는 없다고 생각합니다.

■ **저자 소개**

• 박용만(朴用萬)
인하대학교 일어일본학과 졸업
일본 츠쿠바(筑波)대학 대학원 현대문화공공정책학과 졸업
언어학 박사(言語学博士)
전공 : 일본어학(일본어문법·일본어교육·일본어통번역)
(현) 인하대학교 일본언어문화학과 강사
역서 : 『기쿠치 간(菊池寛) 단편소설』(2023)
　　　『유메노 규사쿠(夢野久作) 단편 추리소설 소녀지옥(少女地獄)』(2022) 등

초판인쇄	2023년 02월 23일
초판발행	2023년 02월 28일
지 은 이	박용만
발 행 처	시간의물레
주　　소	경기도 파주시 숲속노을로 150, 708-701
전　　화	031-945-3867
팩　　스	031-945-3868
전자우편	timeofr@naver.com
홈페이지	http://www.mulretime.com
블 로 그	http://blog.naver.com/mulretime
I S B N	978-89-6511-424-6 (93730)
정　　가	19,000원

ⓒ 2023 박용만

* 잘못된 책은 바꾸어 드립니다.